豆花
素食小館
麺
来た！
はじまり
はじまり
茶
仔煎大王
珍珠奶茶
小籠包
煎
好吃早餐
粥
粽
4年ぶりの台湾に—

旅のはじまり
国外に出られなかった4年間―
どこに行きたかったか
魯肉飯
鶏肉飯
わー八角の香り！
豆漿
粥
担仔麺
牛肉麺
胡椒餅
茶
魯肉飯《ルーローハン》食べよっかな
いやいやまずは豆花《トウファ》か
それとも旬のフルーツか
釋迦頭
1顆 80元
それは―

薬
マツモトキヨシ
松本清
台湾——!
漢字になると
清《きよし》もとたんに
人間味
9折
5折
そして今
私は台湾《ここ》にいる
しかし
暑いなー
半袖持って
きてないや
なぜかというと—
さかのぼること10時間前—
航空券パトロールを
していた
うつら
うつら
ん
航空券パトロールとは
安いチケットを探して
旅の妄想をする
無料の娯楽である

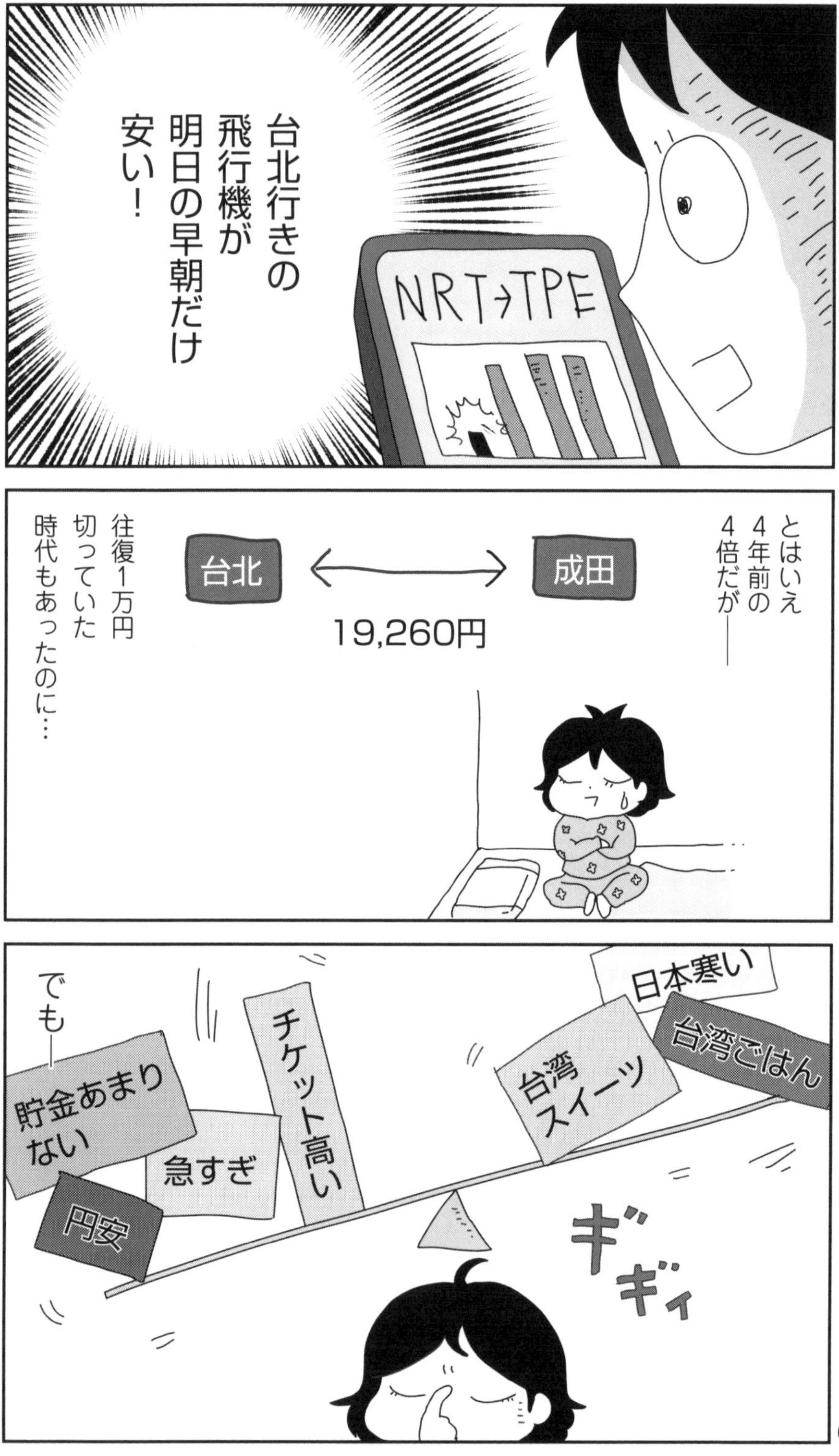
台北行きの
飛行機が
明日の早朝だけ
安い！
NRT→TPE
とはいえ
4年前の
4倍だが――
成田
台北
19,260円
往復1万円
切っていた
時代もあったのに…
日本寒い
台湾ごはん
台湾
スイーツ
チケット高い
急すぎ
貯金あまり
ない
円安
でも―
ギギィ

LCC乗りまくり時代の私といえば……
走馬灯タイム
やっぱ行くのやーめたってできるのいーよね
どうせ来月も来るしな——
セールだし3往復取っちゃお
安いからって雑に旅行していなかったか——
いやしてた
ヒュウウウウー
ドッコオォン
今
行きたい
円安

行きにくい今だからこそ
丁寧な旅行が
できるんじゃない？
この数年で
何が変わったのか
変わってないか
見てくるのも
いいかもしれない
ぽち
購入
よし！
片道だけ取った！
出発は４時間後!!
あとは現地で決める！
ズザ
満足したら
帰る!!
マイレージで
帰国便を取っといて
足りなかったら
変更しよ
ピッ
とりあえず
２週間でいっか
しかしー
えっ！

丁寧に
久しぶりの旅は――
空港の書店が閉店中なの!?
ガイドブック買えない！
台湾を歩きたいわん
えーっと海外って何持ってくんだっけ？
パスポートケース見つかんねぇポケットにぶっこんどけ！
今台湾寒いの？暑いの？
丁寧に
丁寧に
旅の小さい財布見つからない！ジップロックでいいや！
えっ!?この宿もこの宿も閉業!?
お金は何とかなるでしょ！未来の私ががんばれ！
ぐっ…！
2時間後に起きられるカナ……
丁寧に
丁寧に

1日目・台北
すいこまれ〜
うわああぁ
人生初カードすいこまれin台北
マイカード
ゴーインサイド
へるぷみー
え
俺っ!?
うしろに
並んでた人
※海外のATMでカードが
出てこなくなるトラブルはときどきある
ここ4年で
変わったもの——
さらに…
英語忘れちゃったぁー
私 外国人と
暮らしているのにぃ
はあい
呼んだ?
日本語学科卒の
中国人in シェアハウス
いや
そもそも
日本語しか
喋ってないか
ハイ
カスタマー
センターから

スローリー
プリーズ
マイ
イングリッシュ
ベリープワー
こんなこと言いたくないが
バックトゥヒアー
5時間後
5時間後
宿近くの
ATMで
よかった
ホッ…
久しぶりの海外は
戸惑うことばかり——
サンダル忘れたし
共同シャワーで使いたい…
サブバッグは
エコバッグだし
ダサい…
あなたの
スーパー
マルハチ
パスポートはポケットから移動
エスカレーターの
立ち位置は右だし
大阪と同じね！
ゴロゴロゴロ
むむっ

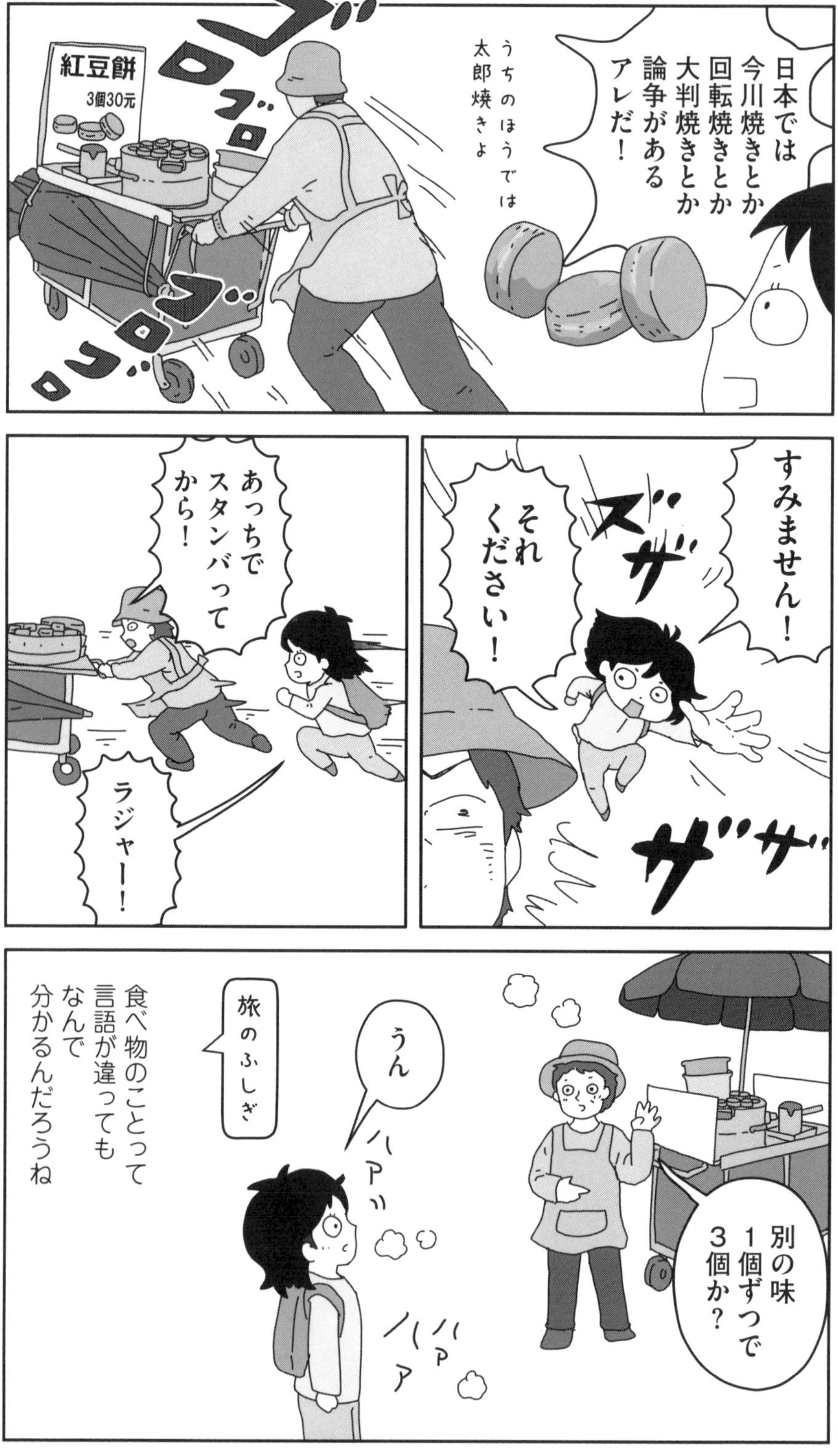
日本では今川焼きとか回転焼きとか大判焼きとか論争があるアレだ！
うちのほうでは太郎焼きよ
紅豆餅
3個30元
ゴロゴロ
ゴロゴロ
すみません！
それください！
ズザ
ザザ
あっちでスタンバってから！
ラジャー！
別の味1個ずつで3個か？
うん
旅のふしぎ
ハアッ
ハアハア
食べ物のことって言語が違ってもなんで分かるんだろうね

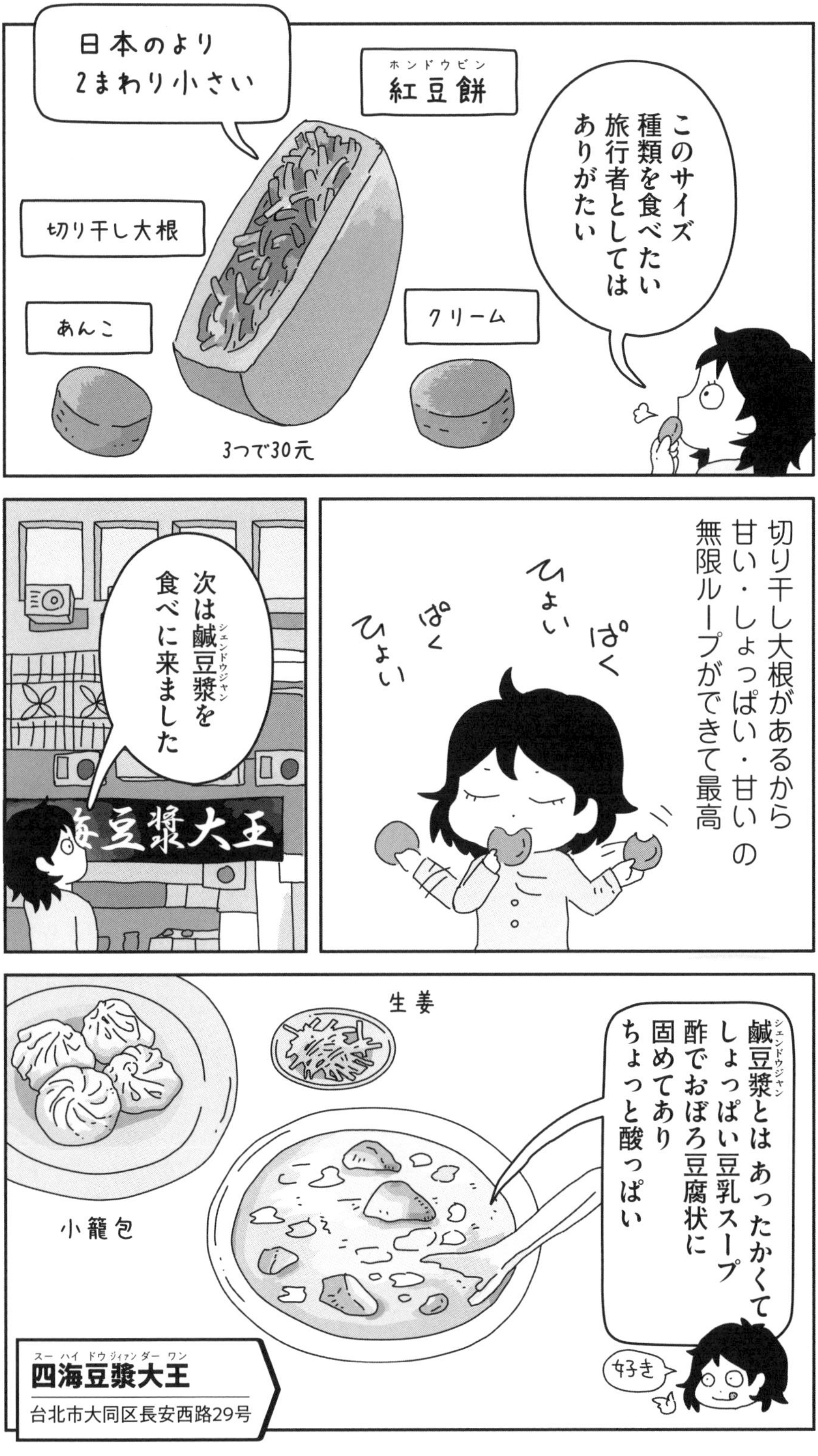
このサイズ 種類を食べたい 旅行者としては ありがたい
紅豆餅《ホンドウビン》
日本のより 2まわり小さい
切り干し大根
あんこ
クリーム
3つで30元
切り干し大根があるから 甘い・しょっぱい・甘い の 無限ループができて最高
ぱく ひょい ぱく ひょい
次は鹹豆漿《シェンドウジャン》を 食べに来ました
豆漿大王
鹹豆漿《シェンドウジャン》とは あったかくて しょっぱい豆乳スープ 酢でおぼろ豆腐状に 固めてあり ちょっと酸っぱい
生姜
小籠包
好き
四海豆漿大王《スーハイドウジィァンダーワン》
台北市大同区長安西路29号

台湾ご飯は小盛りだからちょこちょこ食べられて嬉しいのよね
ご飯は少ない一方―
阿鴻
極品
豆花
蓮の実と芋圓《ユィユエン》のトッピングで！
デザートはでっけぇ！
豆花は半分豆腐みたいなもんだしもう半分は水分…つまり罪悪感はゼロよ！
蓮の実ホクホク！
阿《アー》鴻《ホン》豆《ドウ》花店《ホアディエン》
台北市長安東路二段214号

食べすぎだと思ったらここへ
長春 四神肉粽
長春《チャンチュン》四《スー》神《シェン》湯《タン》
台北市中山区吉林路132号
ほかぁ
四神湯《スーシェンタン》は消化不良等に効くと言われている漢方スープ
もっ もっ
私 モツ苦手だけど臭みが少なくバクバク食べられる台湾式 攻めの食いすぎ対策よ
そして次は――
ウアアアアン
エレベーターを降りると――

そこは日本であった台湾のガイドブックだけでこんなに
ハオツー台湾
かわいい台湾
THE台湾
いいとこ台湾
住みたい台中
おいしい台湾
たいわんにいきたいわん
たのしー台湾
台南の迷い方
台湾の走り方
紀伊國屋書店 台北《タイ ペイ》微風《ウェイフォン》店《ディエン》
台北市復興南路一段39号（微風廣場）5階
ガイドブック忘れても大丈夫
そう 紀伊國屋ならね
おお！ちゃんと最新版
えっ！
高え！
731元
台湾を歩きたいわん
※731元=3,313円（2023年3月当時のレート）
さっき食べた豆花15杯分……
豆花
cosmos
スゥ

本日の宿はこちら
BACKPACKERS
hostel
背包棧
背《ベイ》包《バオ》棧《ツァン》旅《ルィ》店《ディエン》 台《タイ》北《ペイ》長《チャン》春《チュン》店《ディエン》
Backpackers Hostel
台北市中山区長春路258巷6号樓
バックパックって背包って書くんだな
ハイホー ハイホー
つづら感あるな

一泊495元よ ドミに泊まるから共有スペースは重要! 十分な広さはあるな
※495元=2,213円
(2023年3月当時のレート)

トイレットペーパーは便器に流せない系 備え付けのゴミ箱に捨てましょう
さもなくば下水管が詰まる

にゅる…
久しぶりのドミもカーテンがあれば問題なし
ぽさ
台湾を歩きたいわん
豆花15杯分の本読むかー
高くても異国で買えるだけありがたし
台湾に何があるか忘れちゃったし必要よ
でも
パタン
台湾を歩きたいわん
パチン
明日のことは明日決めよ
せっかく終わりが決まってないんだから…
おやすみなさい
満足度
0
50
100
ピコッ

自己紹介＆旅の服装

1月
高雄～台北
マフラー
折りたたんで
首に挟むと移動中の
枕になる
まえだなをこ
フリーランスで
イラストや漫画を
描いたりする
旅好き
服の下にしまう
貴重品入れ
パスポート
+
現金すこし
+
クレジットカード
防水透湿《ゴアテックス》の上着
レインコートがわり
山用の速乾シャツ
30リットルの
バックパック
重さ1kg
ウエストがゴムの
スカート
たくさん食べても
無限に伸びる
温感タイツ
防水透湿《ゴアテックス》の靴
雨が降っても
大丈夫
軽い
カシミヤニット
ポケッタブル
ダウン
台湾は地方によっても日によっても
時間によっても寒暖差が大きいので
脱ぎ着しやすい服をレイヤーで着る

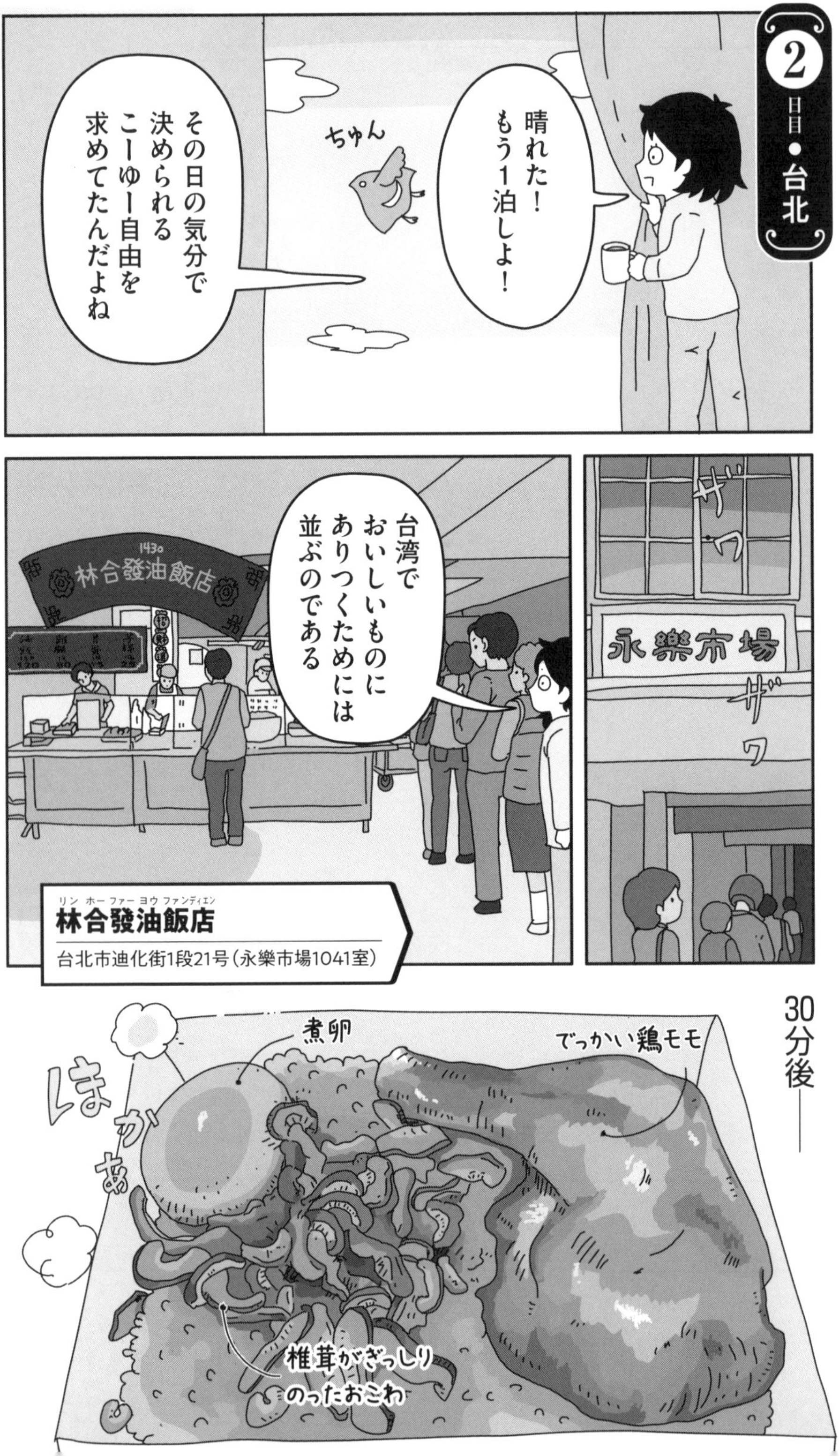
2日目・台北
晴れた！もう1泊しよ！
ちゅん
その日の気分で決められるこーゆー自由を求めてたんだよね
永樂市場
ザワ
ザワ
1430
林合發油飯店
台湾でおいしいものにありつくためには並ぶのである
林《リン》合《ホー》發《ファー》油《ヨウ》飯店《ファンディエン》
台北市迪化街1段21号（永樂市場1041室）
30分後——
でっかい鶏モモ
煮卵
ほかあ
椎茸がぎっしりのったおこわ

鶏肉と卵
パクン
すなわちこれ台湾式親子丼なり
バフッ
鶏モモの皮はパリパリ身はふわふわ!
と肉たっぷり弁当もあれば——
老爺卍素食
あちらにはベジタリアン定食屋も
※素食=精進料理
近くには寄進を求めるお坊さんがスタンバイ
たしかに肉弁当のとこよりうまくいきそう
なんとなく…

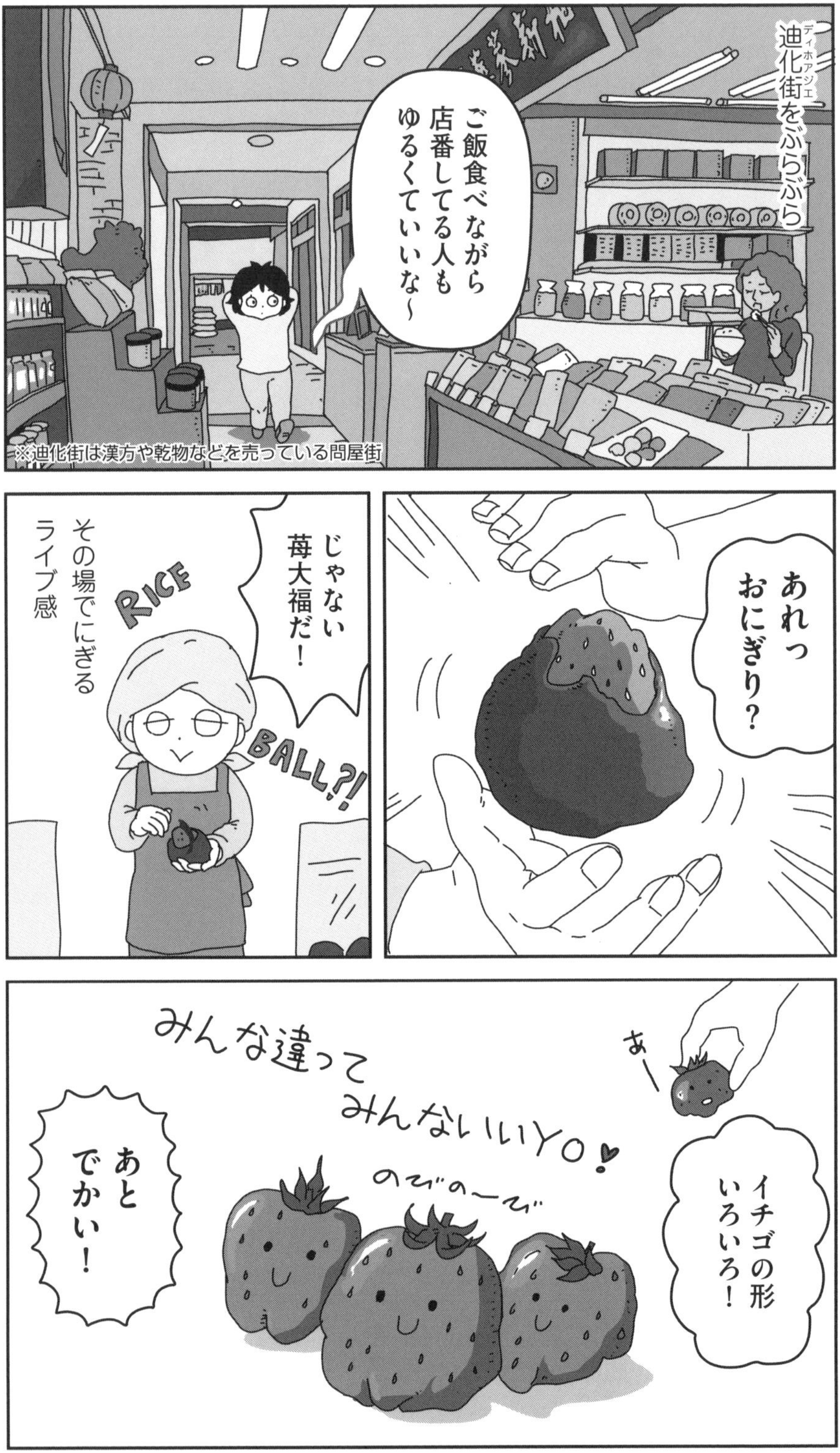

迪化街《ディホアジエ》をぶらぶら
ご飯食べながら店番してる人もゆるくていいいな〜
※迪化街は漢方や乾物などを売っている問屋街
あれっおにぎり?
じゃない苺大福だ!
RICE BALL?!
その場でにぎるライブ感
あー
イチゴの形いろいろ!
みんな違ってみんないいYO!
のびの〜び
あとでかい!

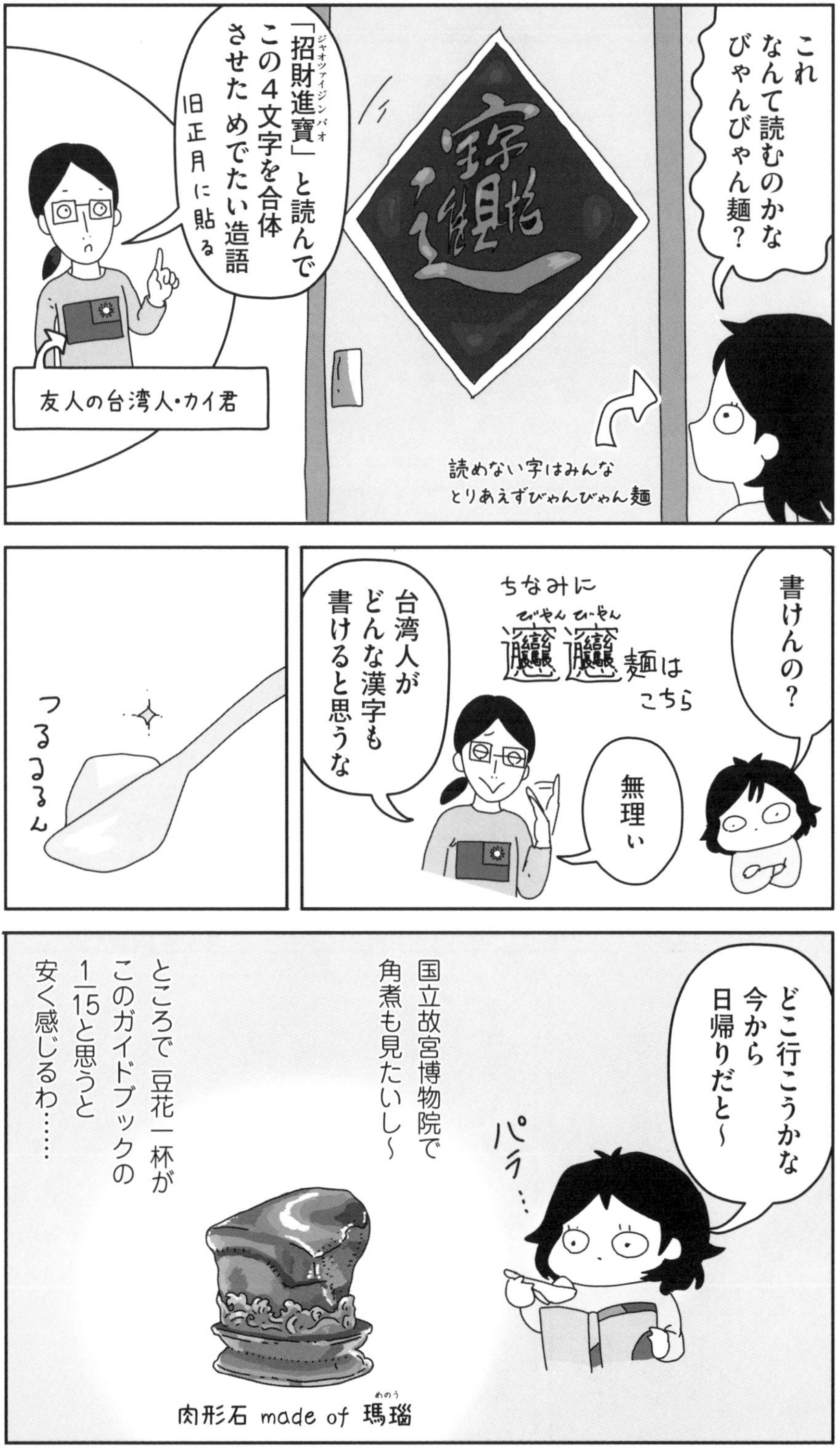

これ
なんて読むのかな
びゃんびゃん麺？
読めない字はみんな
とりあえずびゃんびゃん麺
「招財進寶《ジャオツァイジンバオ》」と読んで
この4文字を合体
させた めでたい造語
旧正月に貼る
友人の台湾人・カイ君
書けんの？
無理ぃ
ちなみに
𰻞《びゃん》𰻞《びゃん》麺はこちら
台湾人が
どんな漢字も
書けると思うな
つるるるん
どこ行こうかな
今から
日帰りだと～
パラ…
国立故宮博物院で
角煮も見たいし～
ところで 豆花一杯が
このガイドブックの
1/15と思うと
安く感じるわ……
肉形石 made of 瑪瑙《めのう》

ぷあん
鶯歌
YINGGE
桃園
8.2公里
山佳
4.4公里
選ばれたのは鶯歌《インゴー》でした
列車で30分だし
2度目よ!
鶯歌は陶器の街——
その辺の民家
カップが植木鉢になってる
高級茶器から——
2680
これでお茶飲んだら2割増し
キッチュなものまで
どこかレトロ懐かしいデザイン
330
茶こしもついて便利
これは!

前に鶯歌に来たときに買って――
あっ
パシャーン
手元がゆるい
帰国後3日目に割ったやつだ!
旅先で買った食器に囲まれる計画があったが――
日常で旅気分を味わえるでしょ
ふふっ
ポルトガルの幸運のニワトリ
昆明大学のカップ
ウラジオストクのお皿
Самому лучшему ДЕДУШКЕ
フィンランド iittalaのアウトレット
全滅――
あっ
パシャーン
ああ
あ
ガシャーン
パキィ…
ギャ
あああ
パシャーン
ヒイッ
幸運なはずのニワトリも…
GO TO 心の食器セメタリー

でも同じものが
同じ店の
同じ棚にあって
店長さんは
接客もそっちのけで
お友だちとお喋り
してるのも同じで
ずっと変わらない
ものもあって
ホッとしたり――
いや
もう私のは
ないんだけど
でも見たこと
ないものを見たい――
という気持ちもあり
TAIWAN
台北
台中
花蓮
台南
高雄
じゃあ
明日は
行ったことない
台中へ
行こうかな
満足度
スー…
0
50
100

破壊の匠

これ描いてるときにバルセロナのピカソ美術館で買ってきたお皿も割りました。
なんということでしょう
今お香立てとして生まれ変わりました
匠
これで旅行先で買ってきた食器がゼロに…
キュビズムみたいでかっこいいですよ！
ピシ！
編集さん

3日目●台中
台北牙醫診所
台湾は散歩が楽しい
宿から台北駅まで30分歩きますよ
台北茶房
茶
髮型
おや
横溝正史の小説っぽい
判決
協議
婚姻事件
事件だ！
単なる弁護士事務所だから
離婚専門ね
魔手
茶の魔手
茶の魔手
こっちは江戸川乱歩みある
お茶のチェーン店だから！

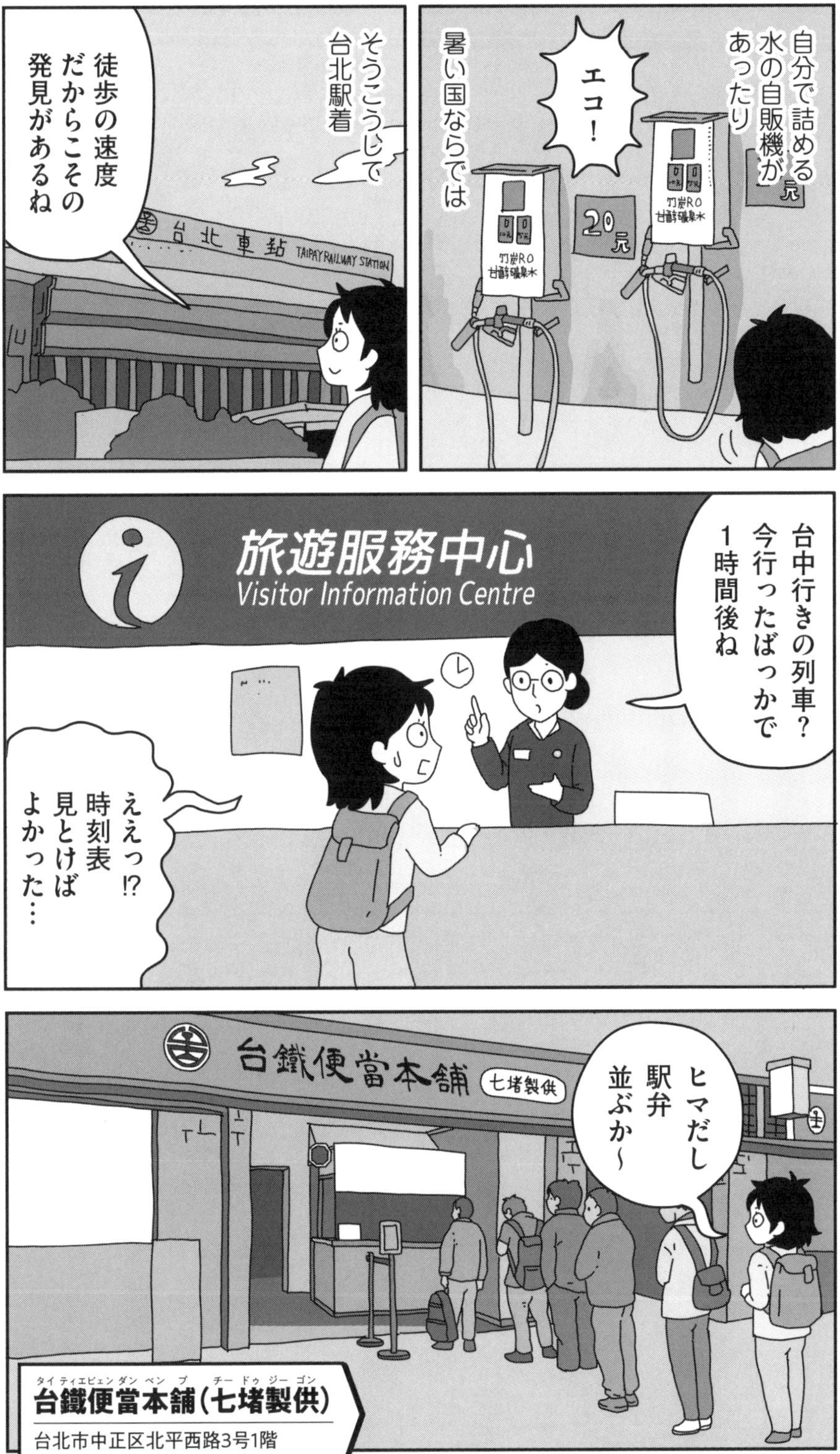

自分で詰める水の自販機があったり
エコ！
暑い国ならでは
20元
そうこうして台北駅着
徒歩の速度だからこその発見があるね
台北車站
TAIPAY RAILWAY STATION
旅遊服務中心
Visitor Information Centre
台中行きの列車？今行ったばっかで1時間後ね
ええっ⁉ 時刻表見とけばよかった…
台鐵便當本舖
七堵製供
ヒマだし駅弁並ぶか〜

台《タイ》鐵《ティエ》便《ビェン》當《ダン》本《ベン》舗《プ》（七《チー》堵《ドゥ》製《ジー》供《ゴン》）

台北市中正区北平西路3号1階

1時間のロスかー
旅の貴重な時間なのに…
もー
でも…
失敗したと思っても
後からみれば
ポロン
そうでもないことって
あるよね
旅には
失敗なんてないさ
あるのは
縁のみである
ポロリン
走馬灯タイム
吟遊詩人 ナヲコマエーダ
あれは22年ほど
前のこと…
私はとある国境で
賄賂を要求されていた――
5ドルよこせ
Why !?
イミグレーション
わるい
ノー
たまたまいた
世界一周中のイギリス人と――
福

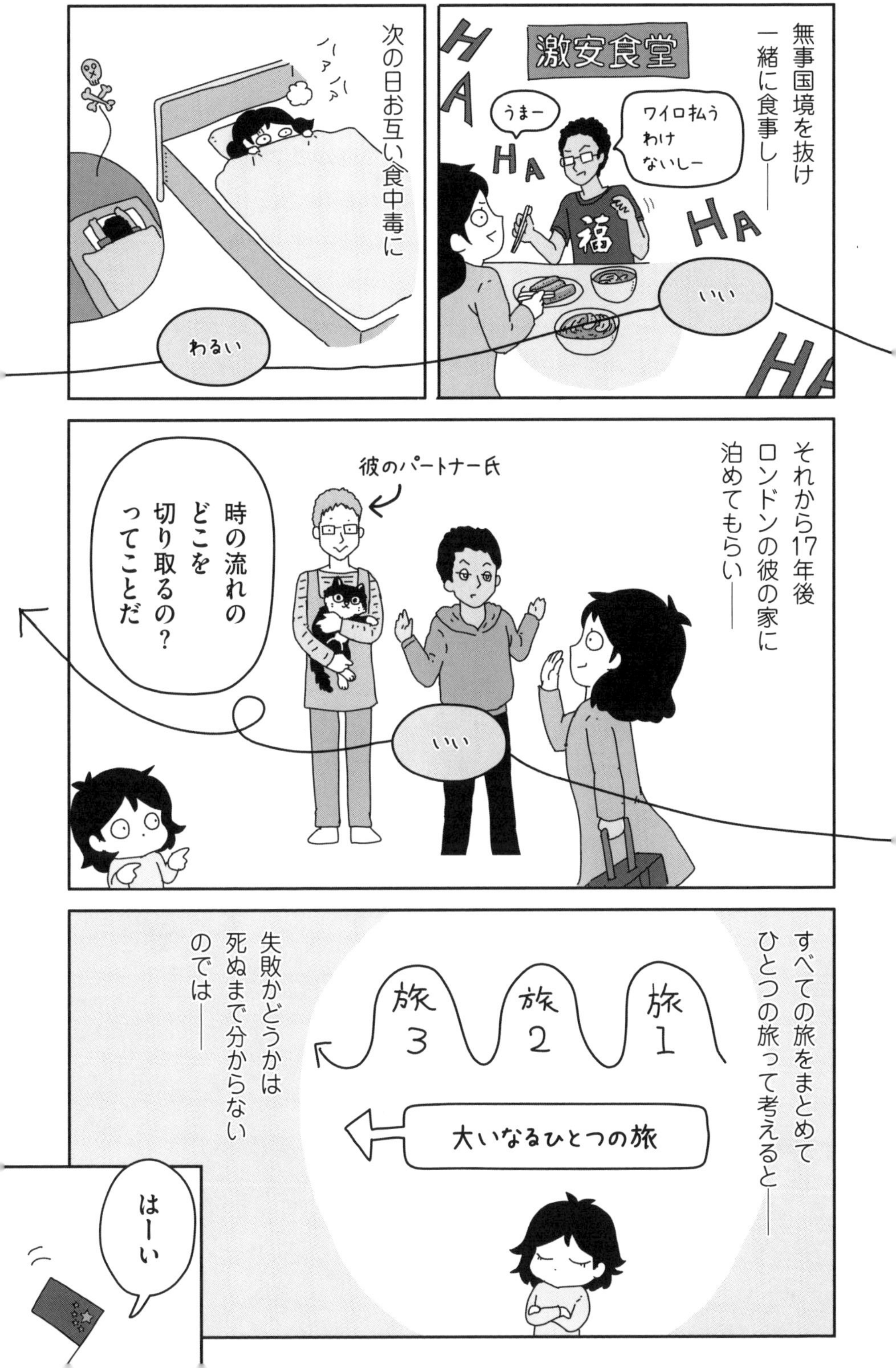
無事国境を抜け
一緒に食事し──
激安食堂
ワイロ払う わけ ないしー
うまー
HA HA HA HA
福
いい
次の日お互い食中毒に
ハァハァ
わるい
それから17年後
ロンドンの彼の家に
泊めてもらい──
彼のパートナー氏
時の流れの どこを 切り取るの? ってことだ
いい
すべての旅をまとめて
ひとつの旅って考えると──
旅1
旅2
旅3
大いなるひとつの旅
失敗かどうかは
死ぬまで分からない
のでは──
はーい

中国の「陰陽」も同じ
いいことと悪いことは交互にやってくる悪いときは耐えて待ちいいときにも調子に乗らず備える
でもいいときは調子に乗りたい
ケド…
はい
インドネシアでも人生は車輪のように上下するっていうの
Down
UP
元インドネシア在住K子
世界のつながりを感じるなぁ
それを異邦人だからこそ俯瞰することができる
服!
旅でおいしい楽しいはおまけだ
それを旅は教えてくれる―
次の人～
排骨《パイコー》弁当?
とっくにっ
没有《メイヨウ》
※うりきれ

あんとき駅まで歩かずバスに乗ってれば！
失敗！
ああおあああ
大しっぱい
ノー弁当ノーライフっ！
ぷぁーん
灰・・・
駅弁ってそこでしか食べられないのに……
パチン
しかたなく買った素食弁当
ただのイモか…

うめえええええっっ
すべての具がうまい！
さすがベジタリアン
先進国！
台鉄素食弁当100元
そう すべては
こんな具合に
インヨーよ
INYO-YO
陰陽よ
プワー
あっつー
天気いいなぁ！
台中は晴天率
高いよ！
Taichung Station

街中に川が流れ―――
電子街もあり適度に都会
炊飯器 道にはみ出しとんなー
電腦維修
それ電鍋っていうほったらかし調理器
実家《ウチ》にもあるし台湾の家庭にだいたいある
仙草ゼリーを食べに来ました

瑪《マー》露《ル》連《リエン》總《ゾン》店《ディエン》・嫩《ネン》仙《シェン》草《ツァオ》・三《サン》種《ジョン》冰《ビン》創《チュアン》始《シー》店《ディエン》

台中市中区台湾大道一段255号

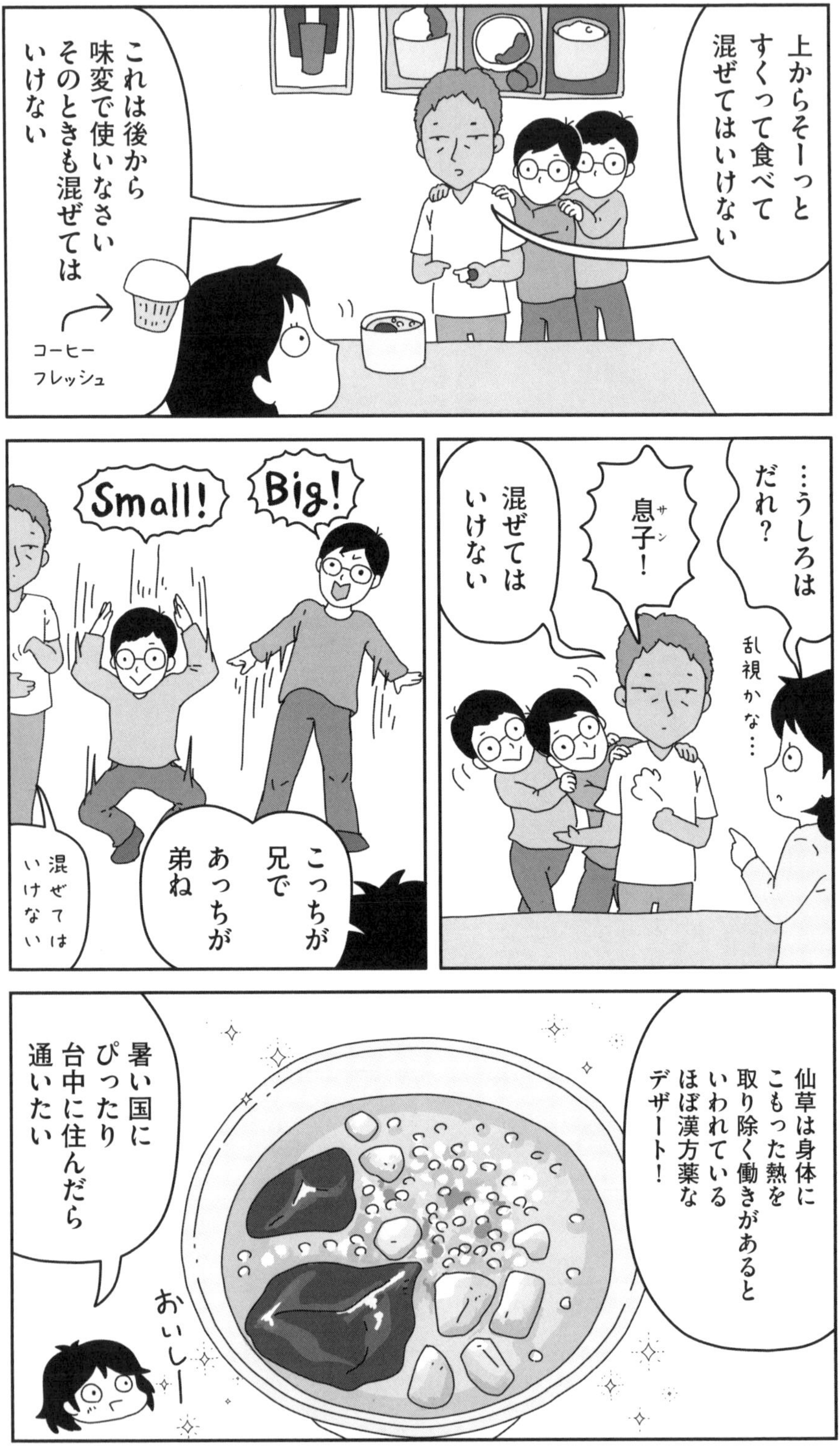
上からそーっとすくって食べて混ぜてはいけない
これは後から味変で使いなさいそのときも混ぜてはいけない
コーヒーフレッシュ
…うしろはだれ？
息子《サン》！
混ぜてはいけない
乱視かな…
Big!
Small!
こっちが兄であっちが弟ね
混ぜてはいけない
仙草は身体にこもった熱を取り除く働きがあるといわれているほぼ漢方薬なデザート！
おいしー
暑い国にぴったり台中に住んだら通いたい

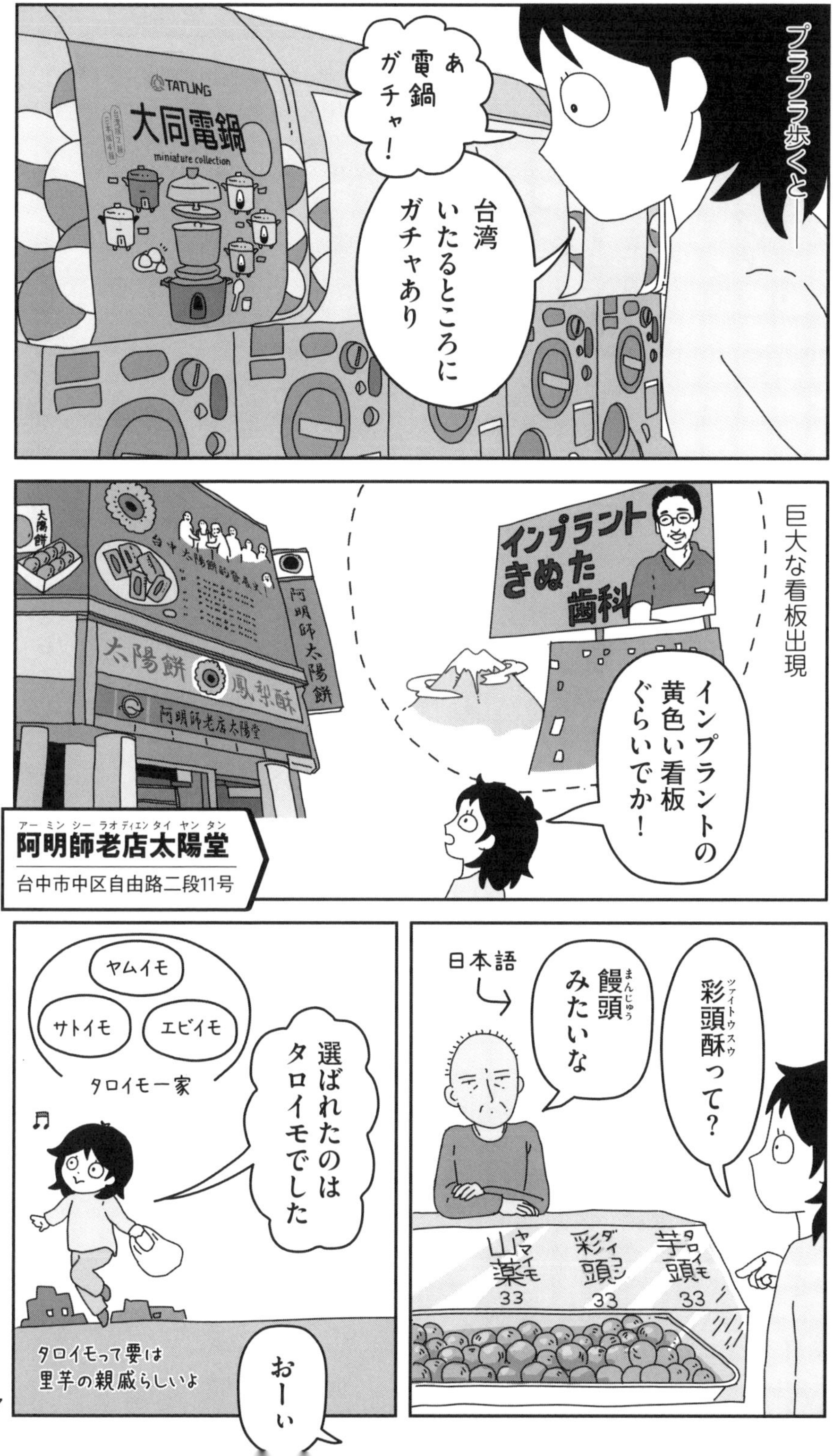
プラプラ歩くと――
あ 電鍋ガチャ!
TATUNG
大同電鍋
miniature collection
台湾いたるところにガチャあり
巨大な看板出現
インプラント きぬた 歯科
インプラントの黄色い看板ぐらいでか!
太陽餅
鳳梨酥
阿明師老店太陽堂
阿明師太陽餅
阿《アー》明《ミン》師《シー》老《ラオ》店《ディエン》太《タイ》陽《ヤン》堂《タン》
台中市中区自由路二段11号
彩頭酥《ツァイトウスウ》って?
日本語
饅頭《まんじゅう》みたいな
山薬《ヤマイモ》 33
彩頭《ダイコン》 33
芋頭《タロイモ》 33
選ばれたのはタロイモでした
ヤムイモ
サトイモ
エビイモ
タロイモ一家
タロイモって要は里芋の親戚らしいよ
おーい

うちの看板メニューあげる！
日本大好きだから!!
太陽餅
たったったっ
ええっ！
私も台湾と台湾の食べ物大好きです！
台中に住んだらこれ手土産にいいな！
餡がとろーりタロイモ饅頭
芋頭酥《ユィトウスー》
麦芽糖が入った素朴な太陽餅
VS
サクッ
川沿いを歩き――
住んだらここ散歩コースにしよう
お粥を食べに来ました
十二月
十《シー》二《アル》月《ユエ》 貴《グエ》和《ホァ》店《ディエン》
台中市西区貴和街42号

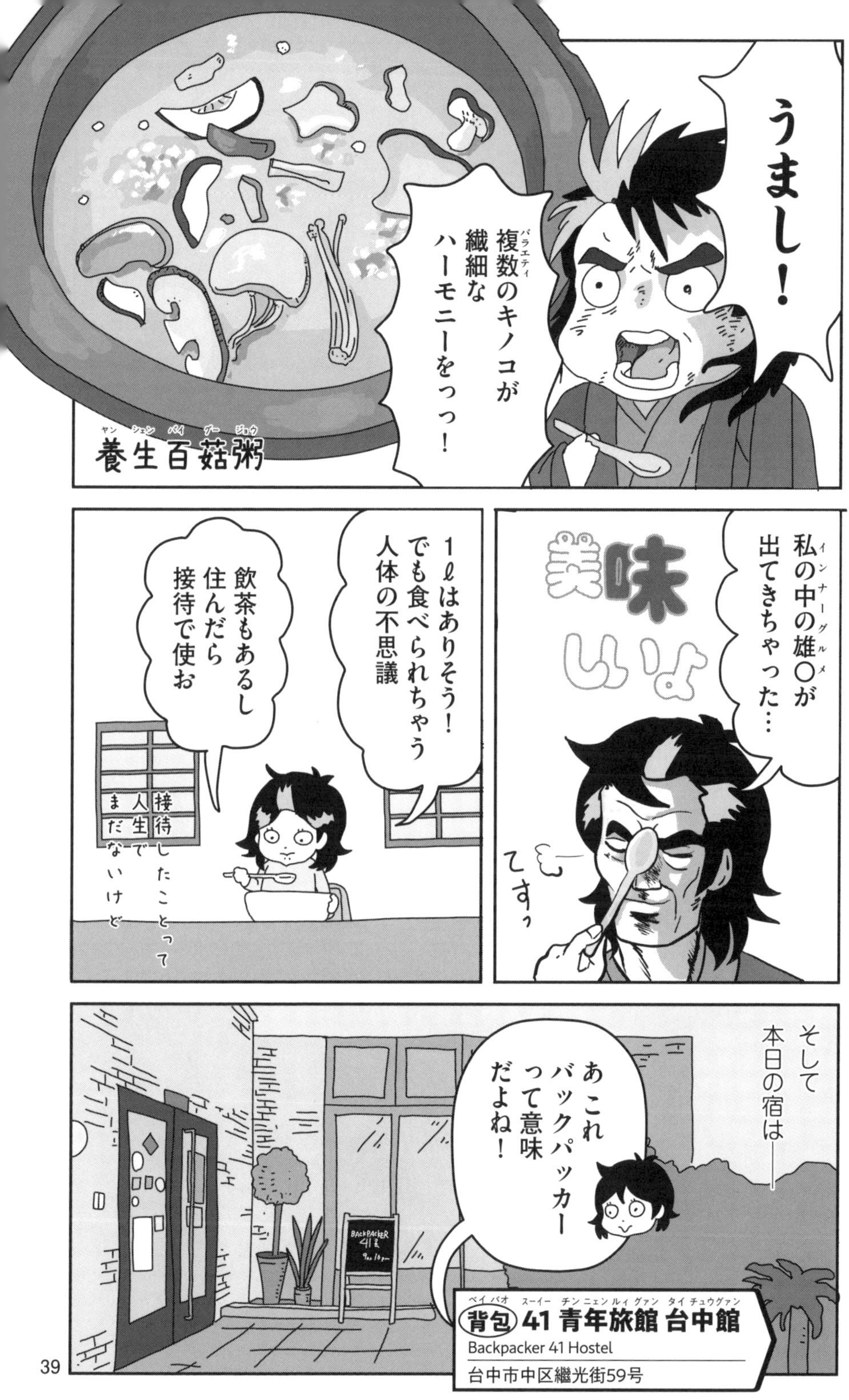
うまし！
複数《バラエティ》のキノコが繊細なハーモニーをっっ！
養《ヤン》生《シェン》百《バイ》菇《グー》粥《ジョウ》
私の中の雄〇《インナーグルメ》が出てきちゃった…
美味いな
てすっ
1ℓはありそう！でも食べられちゃう人体の不思議
飲茶もあるし住んだら接待で使お
接待したことって人生でまだないけど
そして本日の宿は——
あこれバックパッカーって意味だよね！
BACKPACKER 41
背包《ベイバオ》41《スーイー》青年旅館《チンニェンルィグヴァン》台《タイ》中館《チュウグヴァン》
Backpacker 41 Hostel
台中市中区繼光街59号

カフェのようなラウンジには
小さいキッチンもあり
シャワーとトイレは男女共用か〜
せまい…
どーん
6人部屋にしては広い女子ドミ！
ドミ平日料金332元＝1,500円
1カ月料金7000元＝32,400円
(2023年3月当時のレート)
台中いいな日本の冬に1カ月くらい住むのもありだ
ちょっとベッド硬いけど…
満足度
ぐぐー
0
50
100

台湾人の電鍋愛

たとえば魯肉飯の
レシピを検索すると
半分は電鍋を
使ったレシピ
TATUNG

2020年世界がマスク不足になったとき、台湾のIT大臣が電鍋を使った消毒のやり方を説明していた

蒸す・煮る・炊く
そして消毒も…
すごいぞ電鍋!
台湾人の
ソウルフード(クッカー)
だな!

4
日目・台中
3月 すでに 蚊が飛んでいる…
パチン
さすが 亜熱帯の国…
でも ダウン着てる人いるし——
半袖も混じるから 季節感バグる
おしゃれ したいんだよ！
ダウンが おしゃれ アイテムか…
そして 本日は宮原眼科へ
いや目が 悪いわけでは なく
宮原眼科
宮《ゴン》原《ユェン》眼《イェン》科《カー》
台中市中区中山路20号

日本統治下時代に建てられた眼科をリノベしたお菓子屋さん！
映える〜
もはや撮影スポット
パッケージも素敵
台中に住んだら手土産にしようかな
店員さんの衣装もかわいく

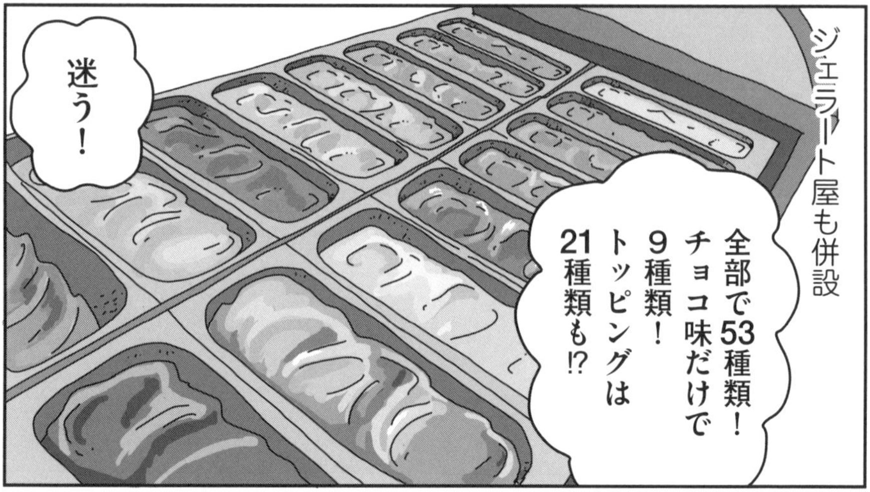
ジェラート屋も併設
全部で53種類！チョコ味だけで9種類！トッピングは21種類も!?
迷う！

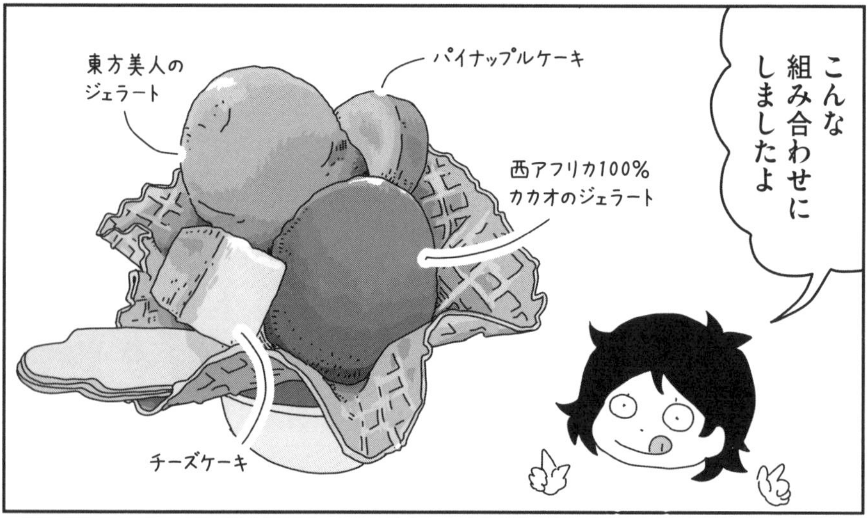
こんな組み合わせにしましたよ
パイナップルケーキ
東方美人のジェラート
西アフリカ100%カカオのジェラート
チーズケーキ

選択肢が少ないほど幸福度が高いっていう「選択のパラドックス」は嘘だと思う
たくさん選べると楽しいもの

プラプラと歩くと
ベトナムエリアに突入
タニシ！
すげ笠！
Cac Món

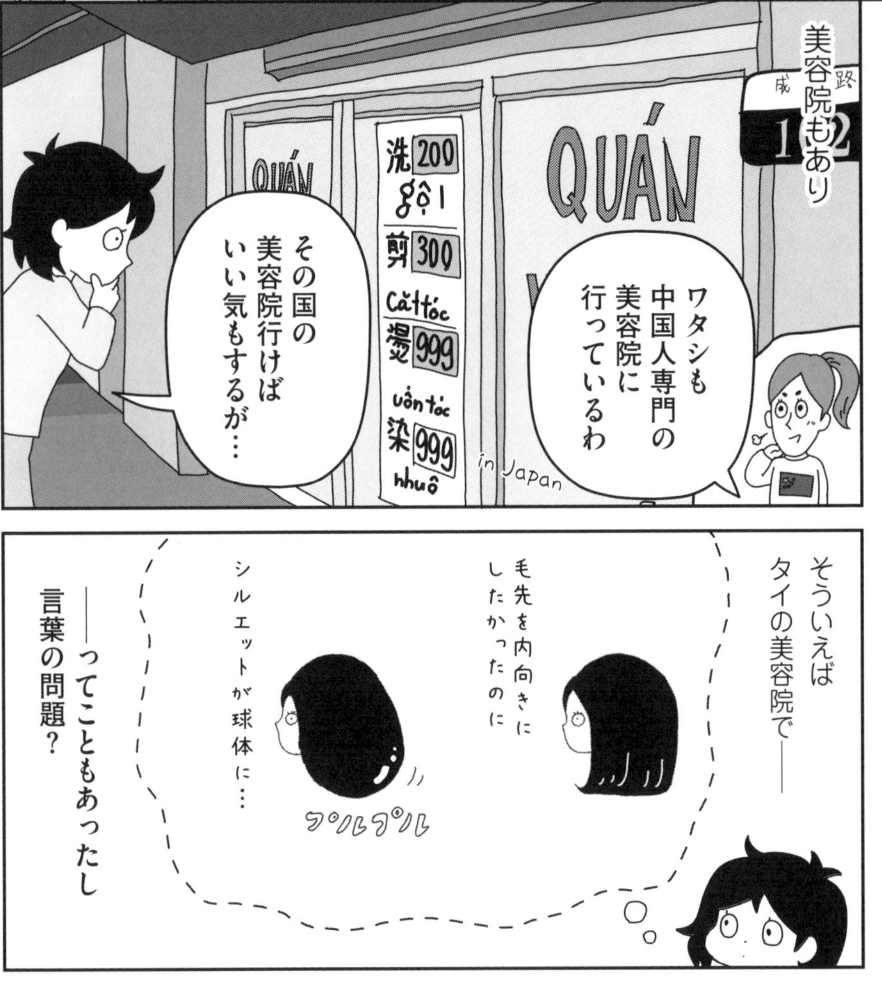
美容院もあり
QUÁN
洗 200
gội 1
剪 300
Cắt tóc
烫 999
uốn tóc
染 999
nhuộ
in Japan
ワタシも中国人専門の美容院に行っているわ
その国の美容院行けばいい気もするが…
そういえばタイの美容院で——
毛先を内向きにしたかったのに
シルエットが球体に…
プルプル
——ってこともあったし言葉の問題？

いつの間にかインドネシアエリアに突入
加里曼丹
TOKO Indonesia Mak
LEE DOSALON INDONESIA
HALAL
warung indonesia
こちらはインドネシア人専門の美容院だ
ハラルだって！シャンプーとかがハラルなのかな
EP尼 INDONESIA
※ハラルとはイスラム法にのっとった処理をされている食品等

食堂にもインドネシア人ばかり
Warung
EP尼 indonesi
SATE AYAM $250
SATE
そういえば…
中華料理以外食べる必要ないし
中華以外全部キラーイ

人類は食と髪型には保守的なのかも
だいたい世界中どこでもハンバーガーあるしな…
揚げ春巻き
ベトナム
クエ
マレーシア
トムヤムクン
タイ
私は定期的に各国料理食べたくなる
ケド

山河魯肉飯
お昼は魯肉飯に並びます
混んでるなー
ガヤガヤ
山《シャン》河《ホー》魯《ルー》肉《ロウ》飯《ファン》
台中市中区三民路二段87号（第二市場内）
あれ
トンッ
どうしました？
日本語
並んでたお客さん
魯肉飯じゃないのが来て……
それは豚足です
バラがよければ交換してもらいましょう

どーん
よかったら一緒に食べましょ
この店先に席取らないと座れないんですわ
故宮博物院に行けなかったけどこれでいいかな
成仏
いただきます
え！西川口に住んでるんですか？私数年前まで住んでましたよ
ここでピンポイントな地名を聞くとは!?
あの辺すごく中国じゃないですか？中国人専門の不動産屋さえあって
そろそろマンション買おうかなー
って中国人女子がそこに行ってた！

他にも中国人専用のサービスがあるって――
コワーキングスペース
メンバーで仕事を回し合い
新人には教育
引っ越し業者
中
ワタシは全部使ってるわ
そこから
人材派遣
病院
中国国内の通販品をいったん中国の倉庫に送りまとめて日本に送る通販サービスもあるわ
CHINA to JAPAN
中国とほぼ同じように暮らせそう…私のいたときはそこまでじゃなかった…
だけどその通販サービスでウサギのバスマットを注文したはずが虎のが入ってた
Happ Y Bunny
洗澡
LUCKY
それは前の干支の売れ残りでは！
通販
洗澡
I Love Bath

頼んでないビーチボール入ってるし…

もはや完結した一個の世界
ネットの発展で急速に根を広げたんだろうなぁ
中国
…だけどマンション購入かぁそんなガッツ私にはないなぁ
むろん私にもない！
台湾人素食《ベジタリアン》多いでしょ？
一方彼女は毎日肉食べてたから
鴨の首
豚足
鴨の砂肝
バフッ
ガッツが欲しくば肉食おう！
えー
そうじゃない感

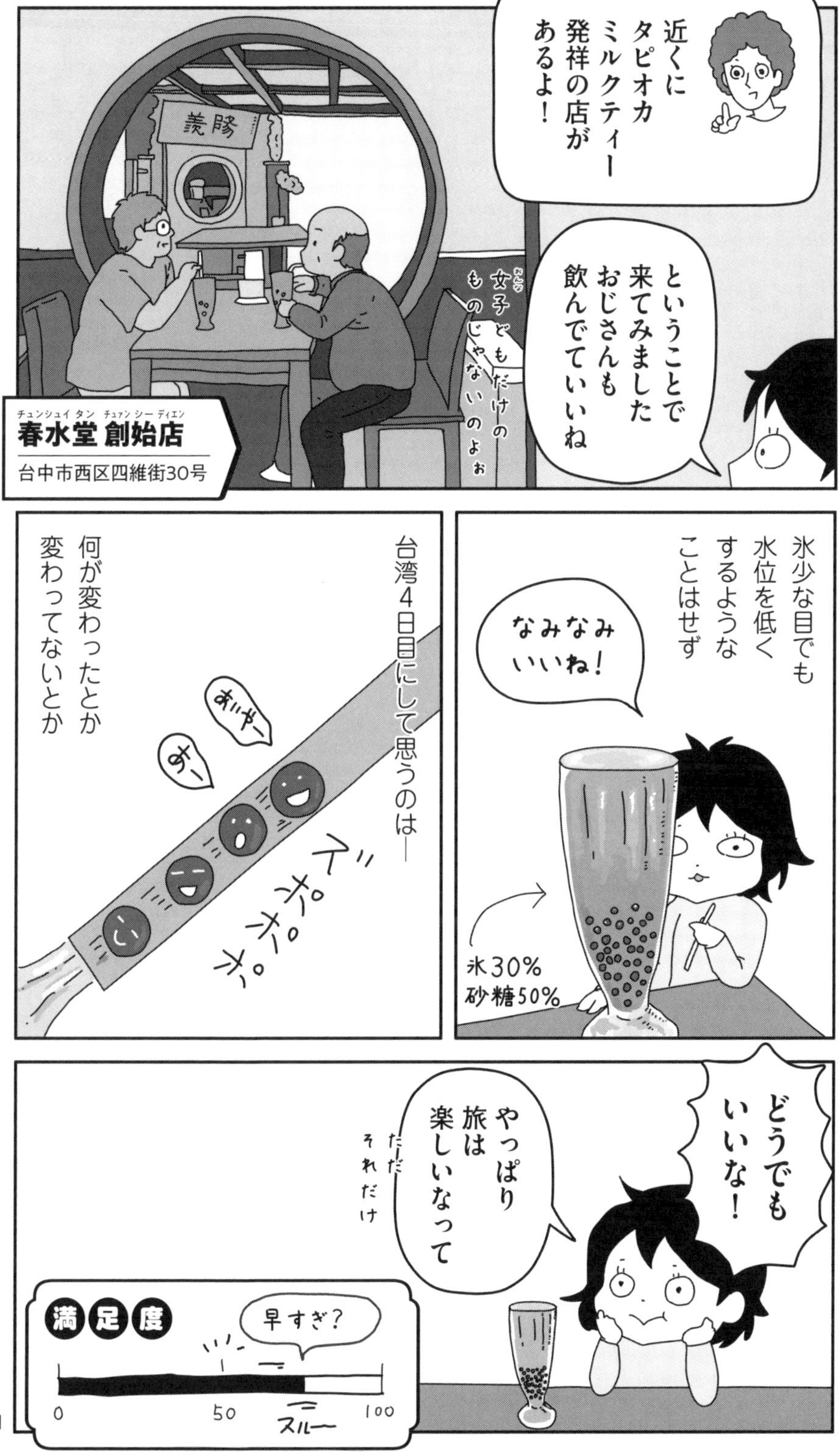

近くにタピオカミルクティー発祥の店があるよ！
ということで来てみました
おじさんも飲んでていいね
女《おんな》子どもだけのものじゃないのよぉ
春水堂《チュンシュイ タン》 創始店《チュァン シー ディエン》
台中市西区四維街30号
氷少な目でも水位を低くするようなことはせず
なみなみいいね！
氷30%
砂糖50%
台湾4日目にして思うのは―
何が変わったとか変わってないとか
あいやー
あー
ズポポポ
どうでもいいな！
やっぱり旅は楽しいなって
ただそれだけ
満足度
早すぎ？
0
50
100
スルー

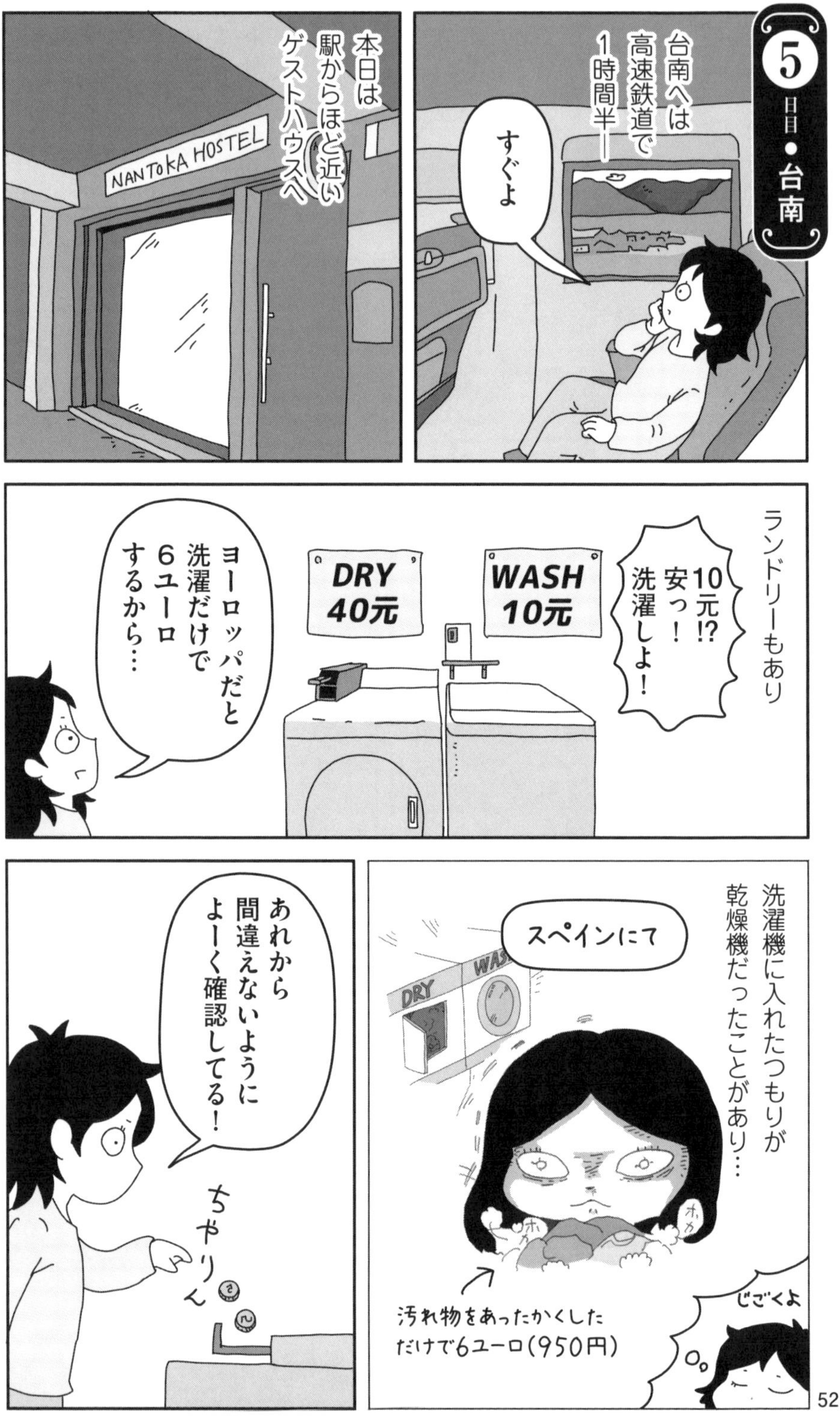
5日目 ● 台南
台南へは高速鉄道で1時間半ー
すぐよ
本日は駅からほど近いゲストハウスへ
NANToKA HOSTEL
ランドリーもあり
10元!? 安っ! 洗濯しよ!
WASH 10元
DRY 40元
ヨーロッパだと洗濯だけで6ユーロするから…
洗濯機に入れたつもりが乾燥機だったことがあり…
スペインにて
WASH
DRY
ホカ
ホカ
汚れ物をあったかくしただけで6ユーロ(950円)
じごくよ
あれからよーく確認してる! 間違えないように
ちゃりん

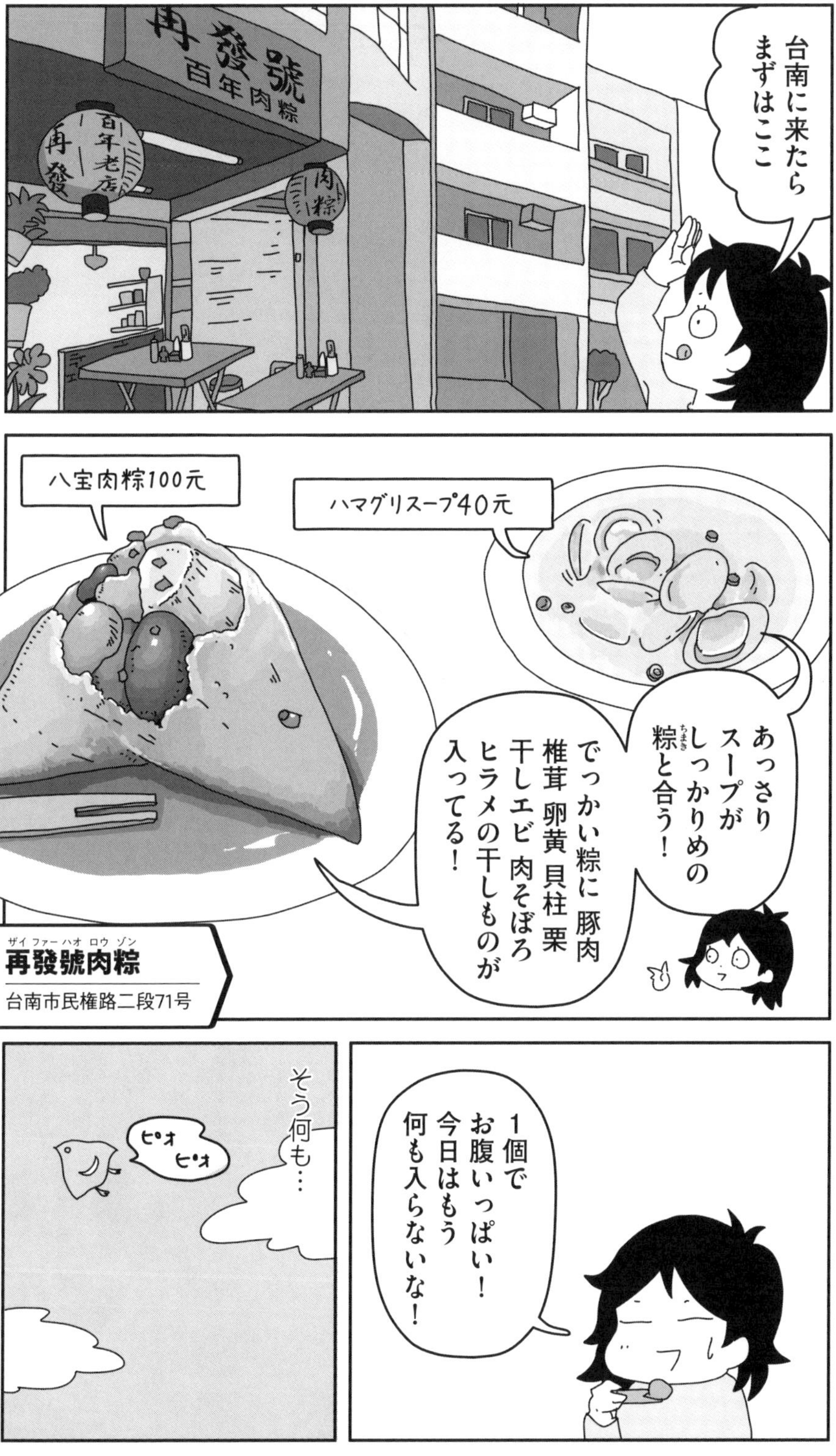
台南に来たら
まずはここ
再發號
百年肉粽
百年老店
再發
肉粽
八宝肉粽100元
ハマグリスープ40元
あっさりスープがしっかりめの粽《ちまき》と合う！
でっかい粽に 豚肉 椎茸 卵黄 貝柱 栗 干しエビ 肉そぼろ ヒラメの干しものが入ってる！
再《ザイ》發《ファー》號《ハオ》肉《ロウ》粽《ゾン》
台南市民権路二段71号
1個でお腹いっぱい！
今日はもう何も入らないな！
そう何も…
ピォ
ピォ

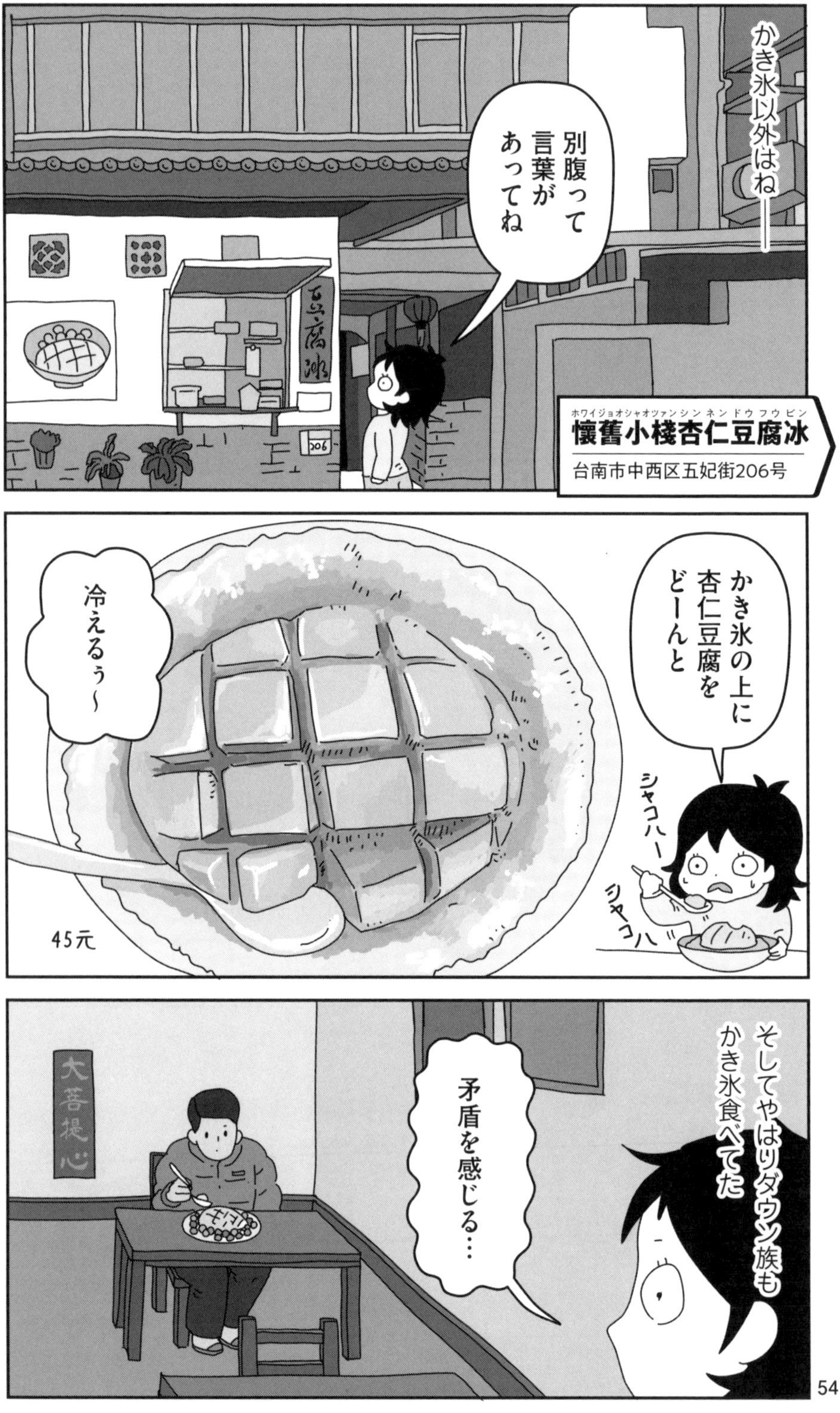

かき氷以外はね――
別腹って言葉があってね
豆腐冰
懐舊小棧《ホワイジョオシャオツァン》杏《シン》仁《ネン》豆《ドウ》腐《フウ》冰《ビン》
台南市中西区五妃街206号
かき氷の上に杏仁豆腐をどーんと
シャコハー
シャコハ
冷えるぅ～
45元
そしてやはりダウン族もかき氷食べてた
大菩提心
矛盾を感じる…

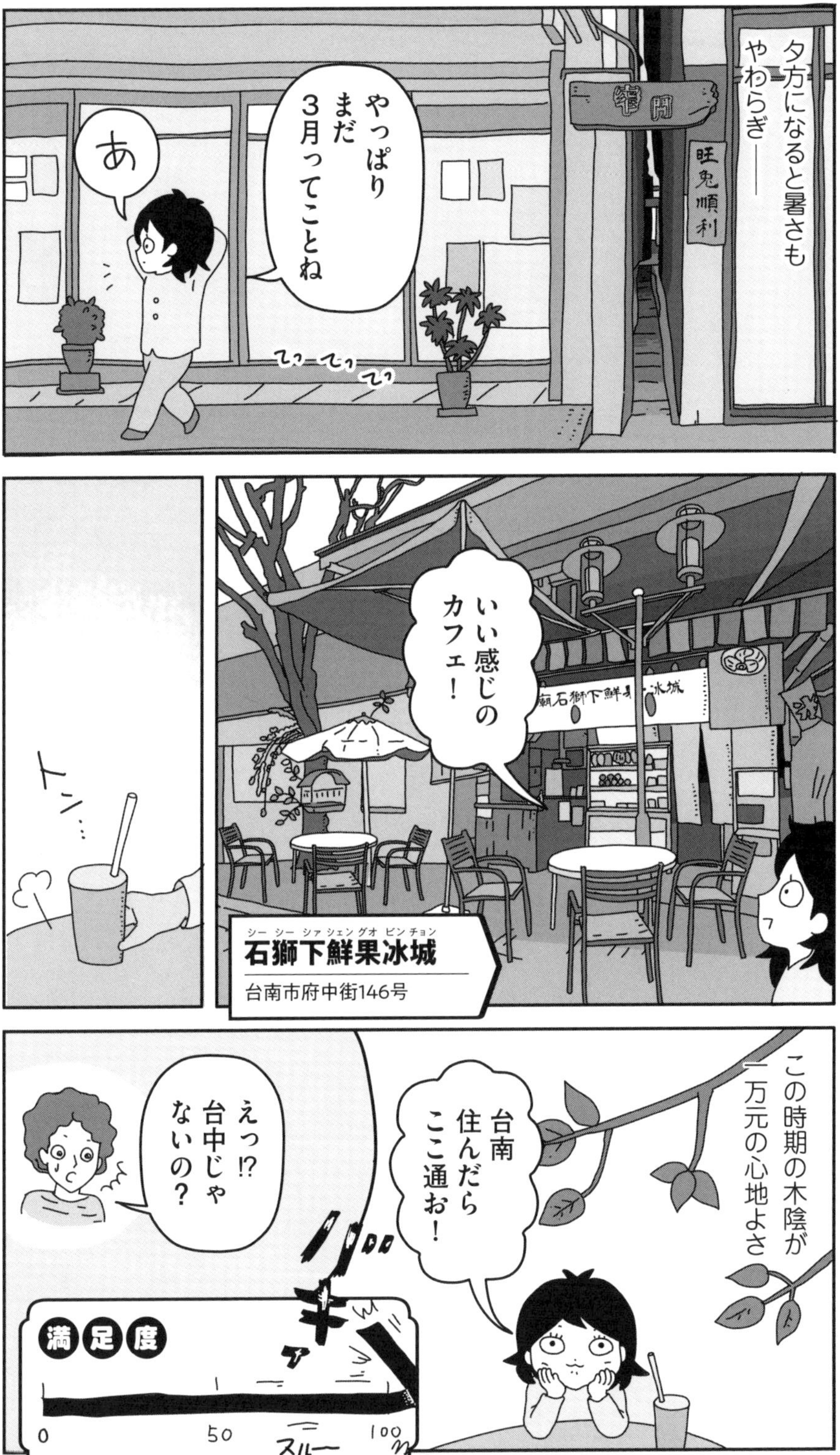

夕方になると暑さもやわらぎ――
やっぱりまだ3月ってことね
あ
てっ てっ てっ
いい感じのカフェ！
石《シー》獅《シー》下《シァ》鮮《シェン》果《グオ》冰《ビン》城《チョン》
台南市府中街146号
トン…
この時期の木陰が一万元の心地よさ
台南住んだらここ通お！
えっ⁉台中じゃないの？
満足度
0
50
100
スルー

6
日目・台南
ぐもーにん
延泊したいん
だけど
Reception
その前に
昨日の宿代
払え
え
到着時
あ
足りないから
ATM
行ってきます
あとでいいYO!
夕方
すみません
小銭ばっかで
じゃりっ
OK
OK
その後
結局ランドリーで
小銭が足りなくって
両替を…
払ったよ!
俺が
対応した?
した
これ
今日の分
昨日の分の
領収書も
ついでに
ちょうだい

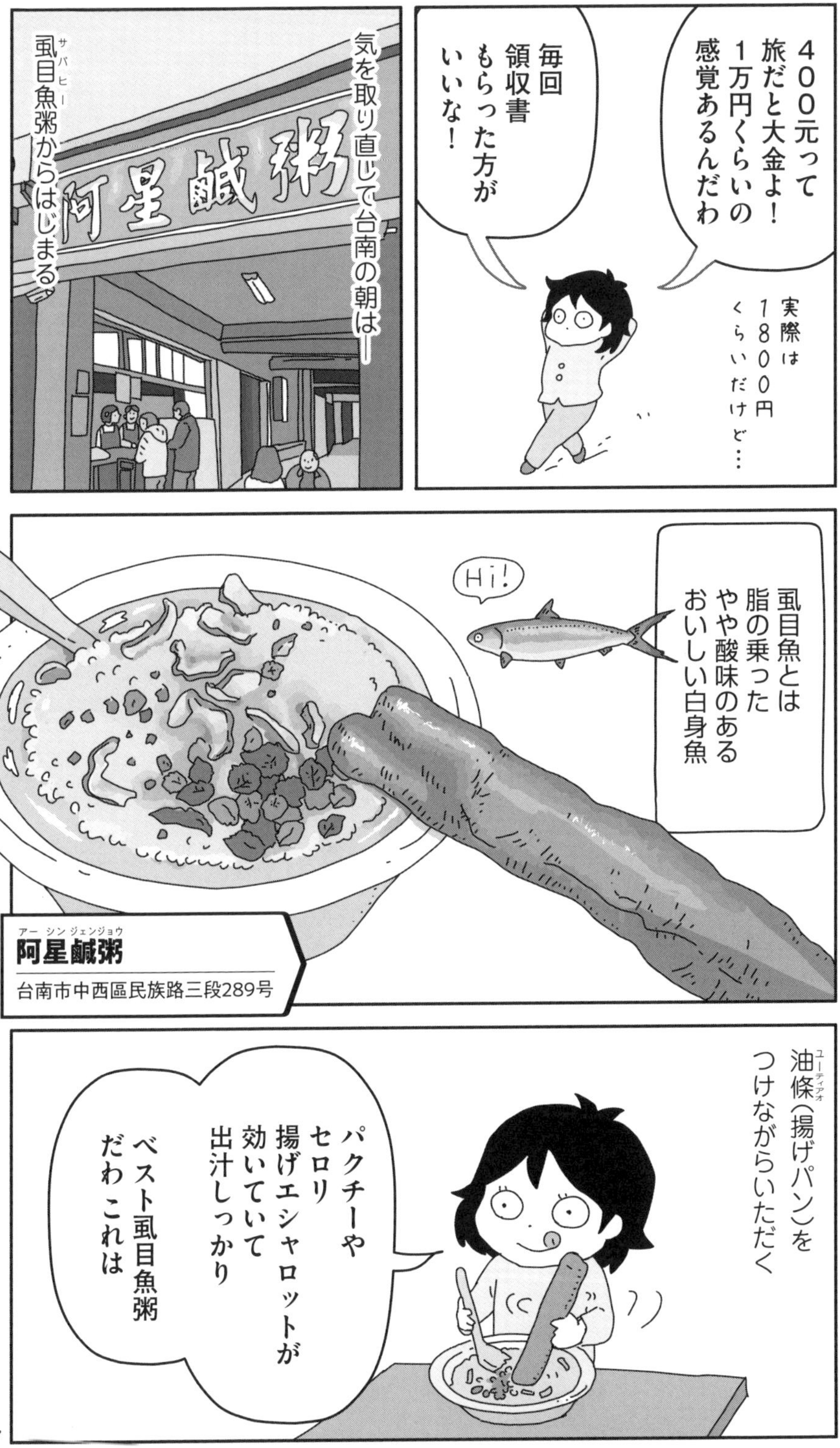
400元って
旅だと大金よ！
1万円くらいの
感覚あるんだわ
毎回
領収書
もらった方が
いいな！
実際は
1800円
くらいだけど…
気を取り直して台南の朝は—
虱目魚粥《サバヒー》からはじまる
阿星鹹粥
虱目魚とは
脂の乗った
やや酸味のある
おいしい白身魚
Hi!
阿星鹹粥《アー シン ジェンジョウ》
台南市中西區民族路三段289号
油條《ユーティアオ》(揚げパン)を
つけながらいただく
パクチーや
セロリ
揚げエシャロットが
効いていて
出汁しっかり
ベスト虱目魚粥
だわ これは

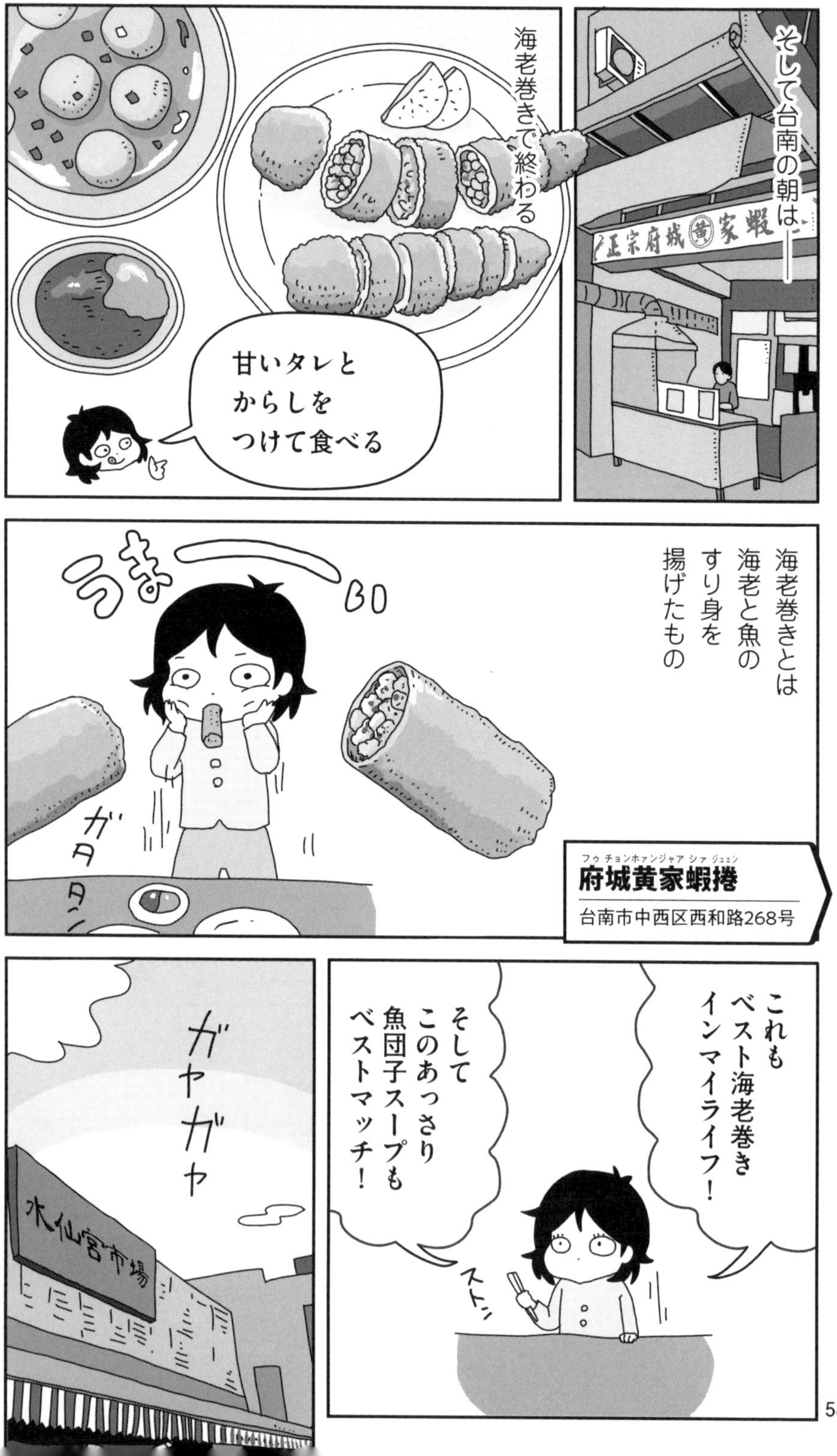

そして台南の朝は――
正宗府城黄家蝦
海老巻きで終わる
甘いタレとからしをつけて食べる
海老巻きとは海老と魚のすり身を揚げたもの
うま――
ガタタン
府《フゥ》城《チョン》黄《ホァン》家《ジャア》蝦《シァ》捲《ジュェン》
台南市中西区西和路268号
これもベスト海老巻きインマイライフ!
そしてこのあっさり魚団子スープもベストマッチ!
ストン
ガヤガヤ
水仙宮市場

どの国でも市場に行っちゃう
おお！台南名物からすみ！
月餅デカ
本当は結婚式で食べる
喜餅《シービン》というケーキ
台東
狗尾草
狗《いぬ》のしっぽ？
なんだろう…
ガマの穂綿だ！
たぶん
猫じゃらしです！
にゃーん

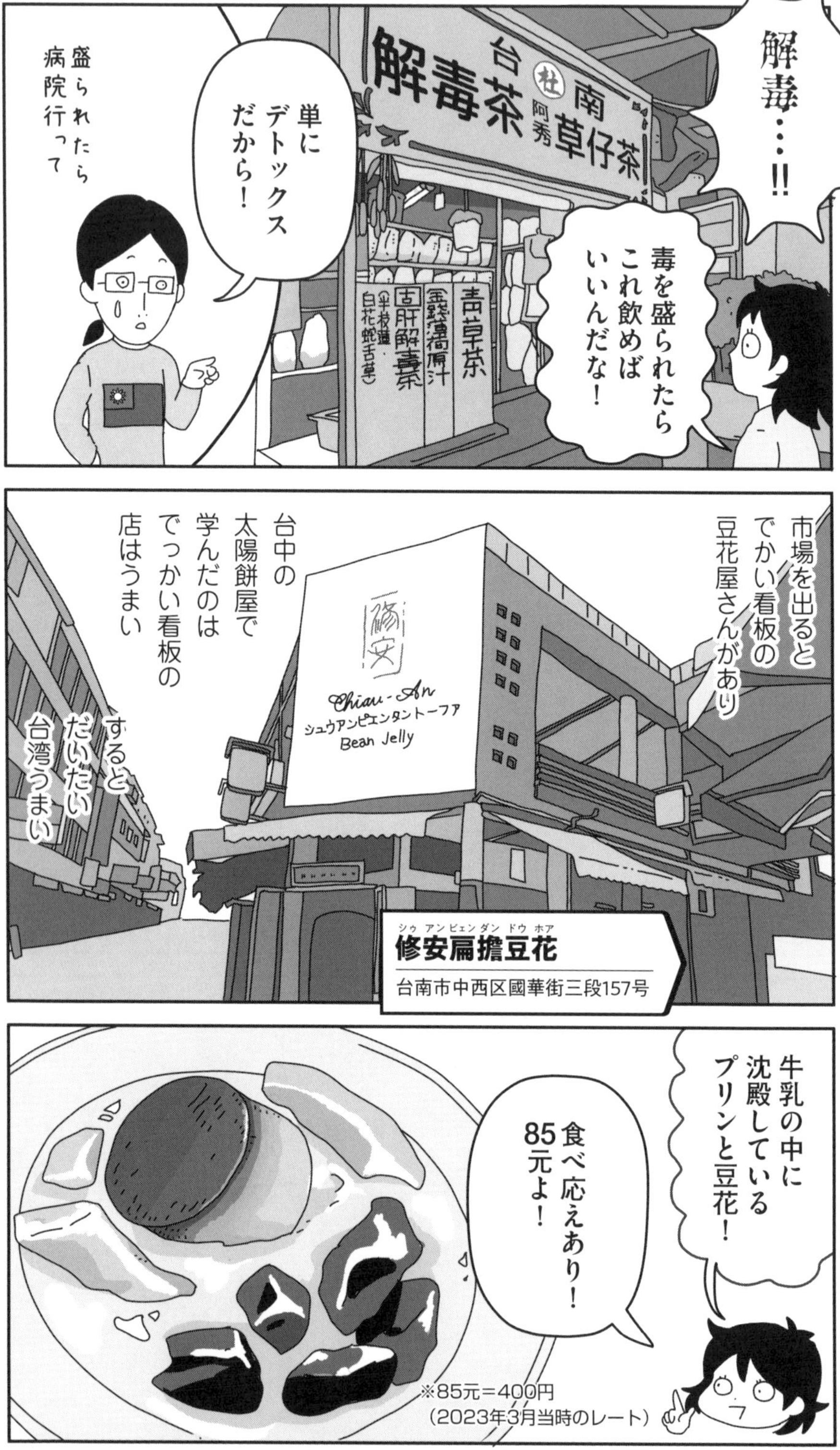
解毒・・・!!
台南 杜 阿秀 解毒茶 草仔茶
青草茶
毒を盛られたらこれ飲めばいいんだな！
単にデトックスだから！
盛られたら病院行って
市場を出るとでかい看板の豆花屋さんがあり
台中の太陽餅屋で学んだのはでっかい看板の店はうまい
するとだいたい台湾うまい
Chiau-An
シュウアンピエンタントーファ
Bean Jelly
修《シゥ》安《アン》扁《ピェン》擔《ダン》豆《ドウ》花《ホア》
台南市中西区國華街三段157号
牛乳の中に沈殿しているプリンと豆花！
食べ応えあり！85元よ！
※85元＝400円
（2023年3月当時のレート）

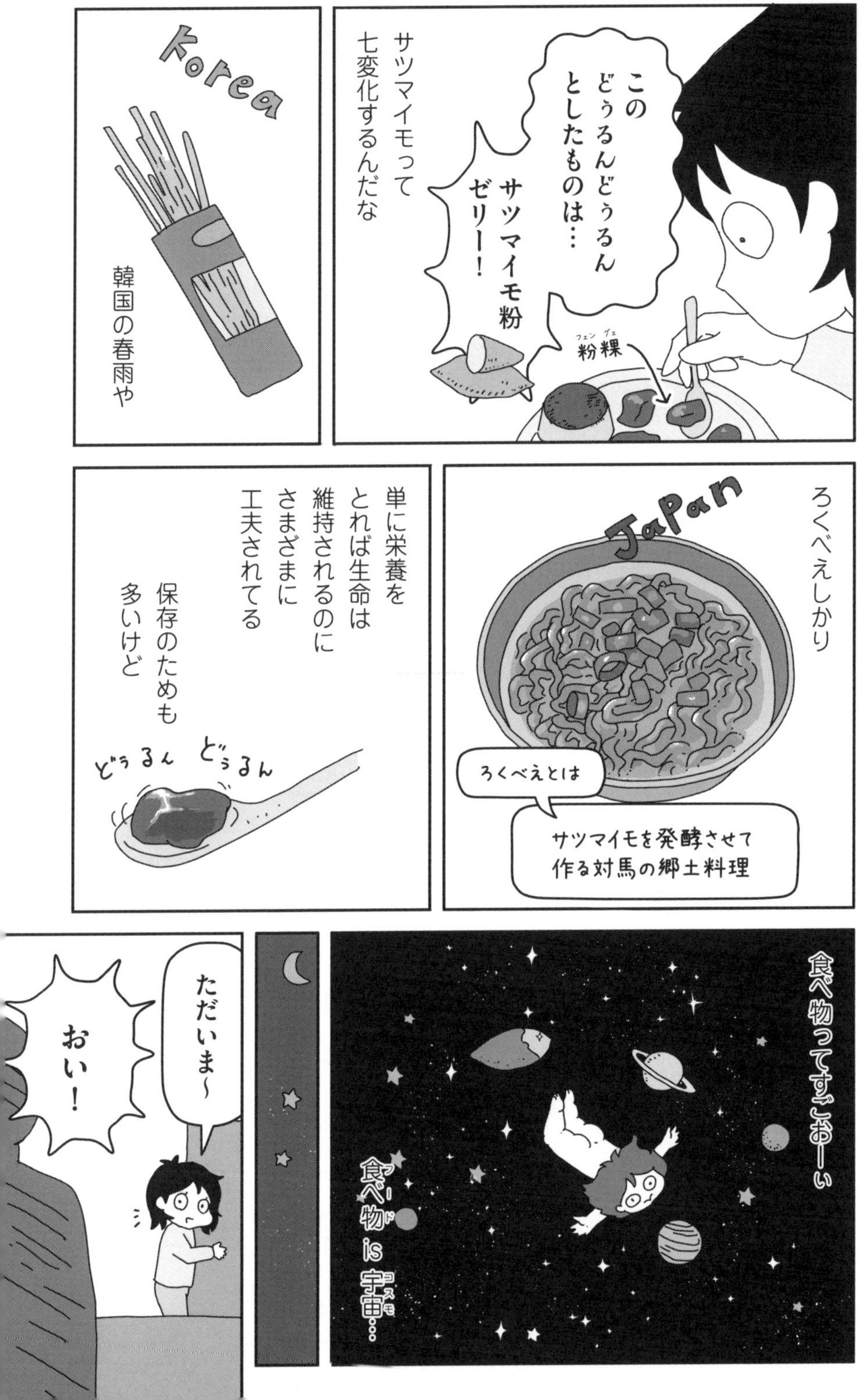

このどぅるんどぅるんとしたものは…
サツマイモ粉ゼリー！
粉粿《フェングェ》
サツマイモって七変化するんだな
Korea
韓国の春雨や
ろくべえしかり
Japan
ろくべえとは
サツマイモを発酵させて作る対馬の郷土料理
単に栄養をとれば生命は維持されるのにさまざまに工夫されてる
保存のためも多いけど
どぅるん どぅるん
食べ物ってすごおーい
食べ物《フード》is宇宙《コスモ》…
ただいま～
おい！

俺は防犯ビデオを確認した！お前がしたのはランドリーの小銭の両替だ！
やっぱりお前は払ってない！
今すぐ払え！
いや もっと巻き戻して 5分くらい前
カタ カタ
！
ソーリー ソーリー
払ってたわ お前
もー
もう台南いいや！移動しよ
領収書はもらおうね！お互いのために…
満足度
しゅるる〜
0
50
100

ドミ三種の神器

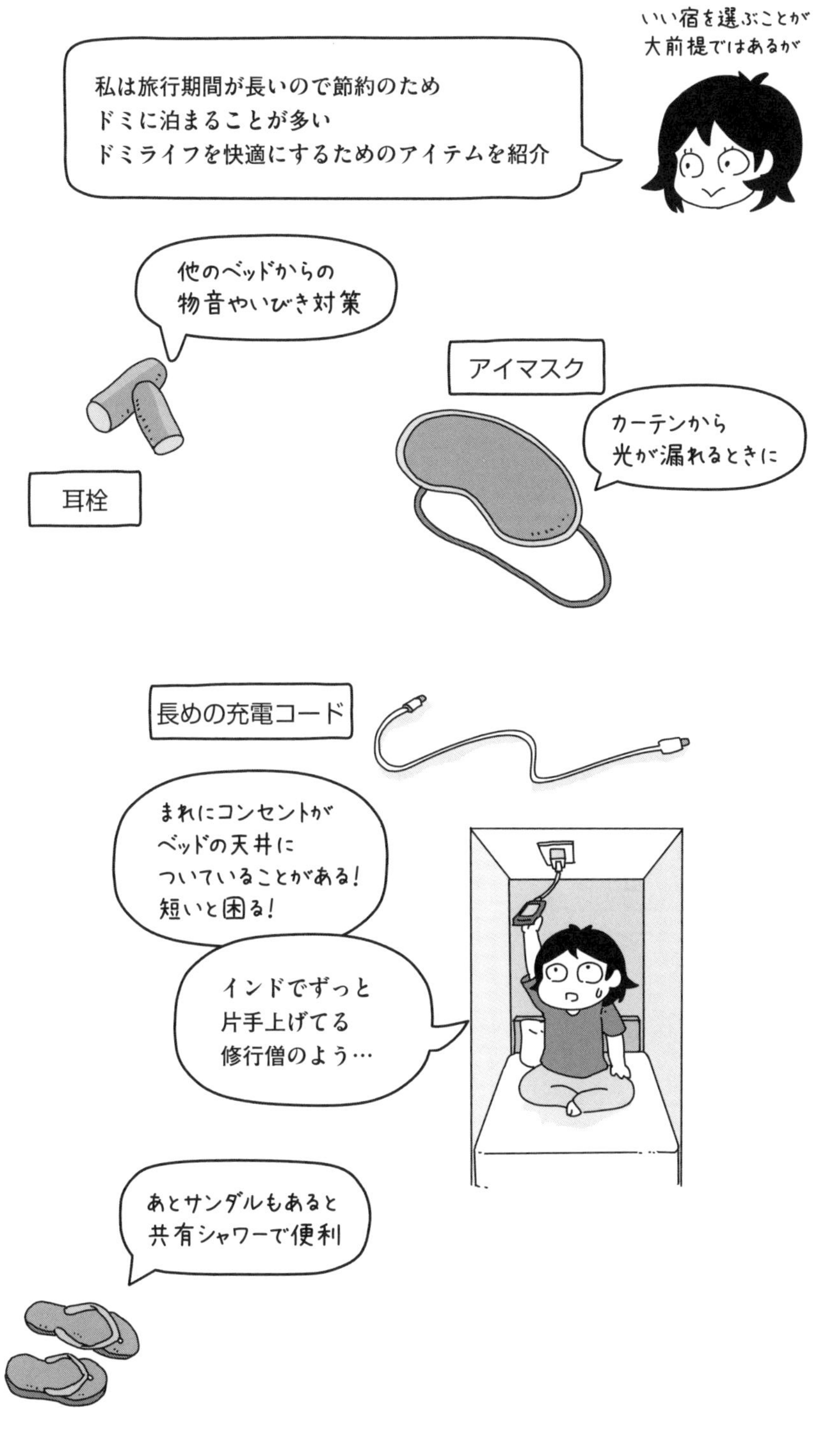

いい宿を選ぶことが大前提ではあるが
私は旅行期間が長いので節約のため
ドミに泊まることが多い
ドミライフを快適にするためのアイテムを紹介
他のベッドからの物音やいびき対策
耳栓
アイマスク
カーテンから光が漏れるときに
長めの充電コード
まれにコンセントがベッドの天井についていることがある！ 短いと困る！
インドでずっと片手上げてる修行僧のよう…
あとサンダルもあると共有シャワーで便利

7日目・台南
本日は移動の前に散歩がてらモーニングへ
道路に洗濯物干しても盗られないんだな
すみませーん
僕たちの写真撮ってもらえますか
学生さんですか?
Yes!
高校の卒業旅行です!台北から来ました!
あそうか——
ぴし——っ
ねえっ!
この子らの高校生活はずっと——
マスク取って!そんで笑って

パシャッ
楽しんで《エンジョイ》!
シェイシェイ
そして本日のモーニングー
活跳跳 干貝 海産粥
海老・イカ・蛤・牡蠣・カニ・ホタテ・アワビ入り!
あっさりしてお粥より雑炊に近い!
豪華なお粥!
美食の街台南最後にふさわしい朝ご飯!

活《フオ》跳《ティァオ》跳《ティァオ》干《ガン》貝《ベイ》海《ハイ》産粥《チャンジョウ》

台南市中西区府前路一段323号

さーて そろそろ 駅に行くかな
!
これ なんだろう？
え？ 宿？
しかも 今日あいてる！
先を急ぐ 旅でもないし…
ぽちっ
よし！
予約完了
購入
宿取っちゃった
気分で 動きたいから 宿は 当日取りたい派
じゃあ 今日は どこ 行こうかな

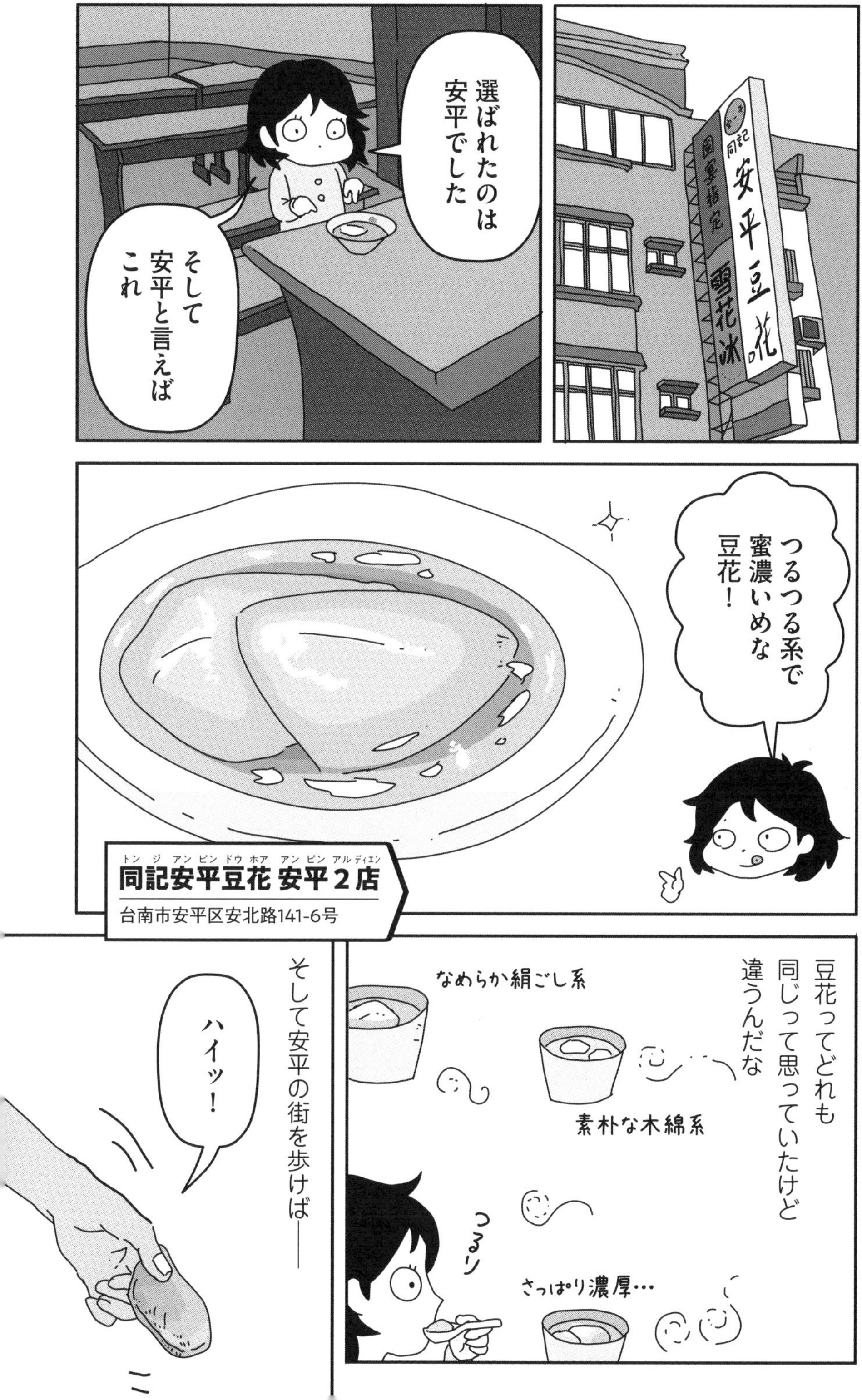
同記
安平豆花
國宴指定
雪花冰
選ばれたのは安平でした
そして安平と言えばこれ
つるつる系で蜜濃いめな豆花！
同記《トンジ》安平《アンピン》豆花《ドウホア》 安平《アンピン》2店《アルディエン》
台南市安平区安北路141-6号
豆花ってどれも同じって思っていたけど違うんだな
なめらか絹ごし系
素朴な木綿系
つるり
さっぱり濃厚…
そして安平の街を歩けば——
ハイッ！

えびせんを
ひとかけら
次から次へと
台南名物
えびせん売りである
全部合わせると
２〜３枚分には
なってる気が
ポリポリ
かっぱえびせんの
スパイシー版
といったところ
癖になる味ね
しかし
台南中心部より
さらに暑いけど
やっぱりダウン
着てる人も…
おしゃれは
我慢なんだよ！

メイン通りから脇道を入るとおばあさんが大量の卵の殻むきをしていたり
茶卵用の内職かな
民家のリビングが道路にはみ出していたり
このテレビ雨のときはしまうの？
やはり道路に洗濯物が
干し方がアート
キッチンも外！
他人との境界線があいまいなのかな～
あれ？シーサー？

これは剣獅子《ジェンシーズー》という安平地方の魔除け
住所のプレートにいたり
中興街
86
どこから足が生えているの？
POST
桃獅子？と思ったら桃の上に小さく剣が
剣獅子探し楽しい
家の壁にも

舊李合興蜜餞
あ蜜餞《ミージェン》のお店の入り口にも
舊李合興蜜餞
舊李合興蜜餞《ジョオリー ホー シン ミージェン》
台南市安平区安平路161号

蜜餞とは
ドライフルーツや
砂糖に漬けた果物――
昔
これを餞別で贈る
習慣があったから
蜜餞と名づけられたよ！
諸説あり
ボンボヤージュ
Thanks!
旅の
行動食だな！
う〜ん
すべてが
読めない！
パイナップルっぽい
のは形で
分かるけど…
奇異？
仙李
酒李
奇異果乾
宋丸
黄金佛手
蚕《カイコ》？
橄欖
オリーブ
です！
あ！
これは
知ってる！
トマトだ！
番茄
舊李合興蜜餞
番茄
第二外国語・中国語
(2日で挫折)

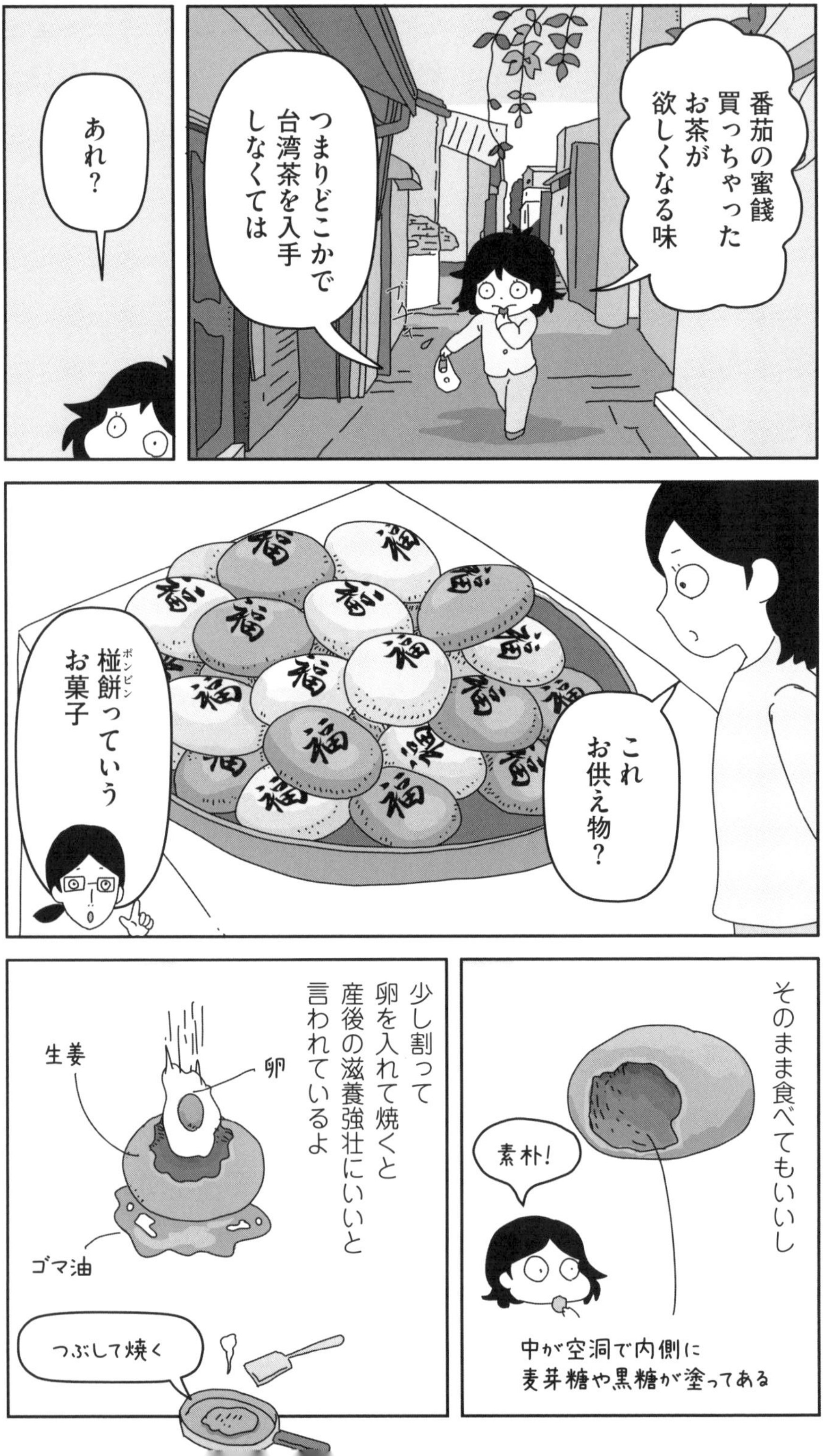
番茄の蜜餞 買っちゃった お茶が 欲しくなる味
つまりどこかで 台湾茶を入手 しなくては
あれ？
これ お供え物？
椪《ポン》餅《ピン》っていう お菓子
そのまま食べてもいいし
素朴！
中が空洞で内側に 麦芽糖や黒糖が塗ってある
少し割って 卵を入れて焼くと 産後の滋養強壮にいいと 言われているよ
生姜
卵
ゴマ油
つぶして焼く

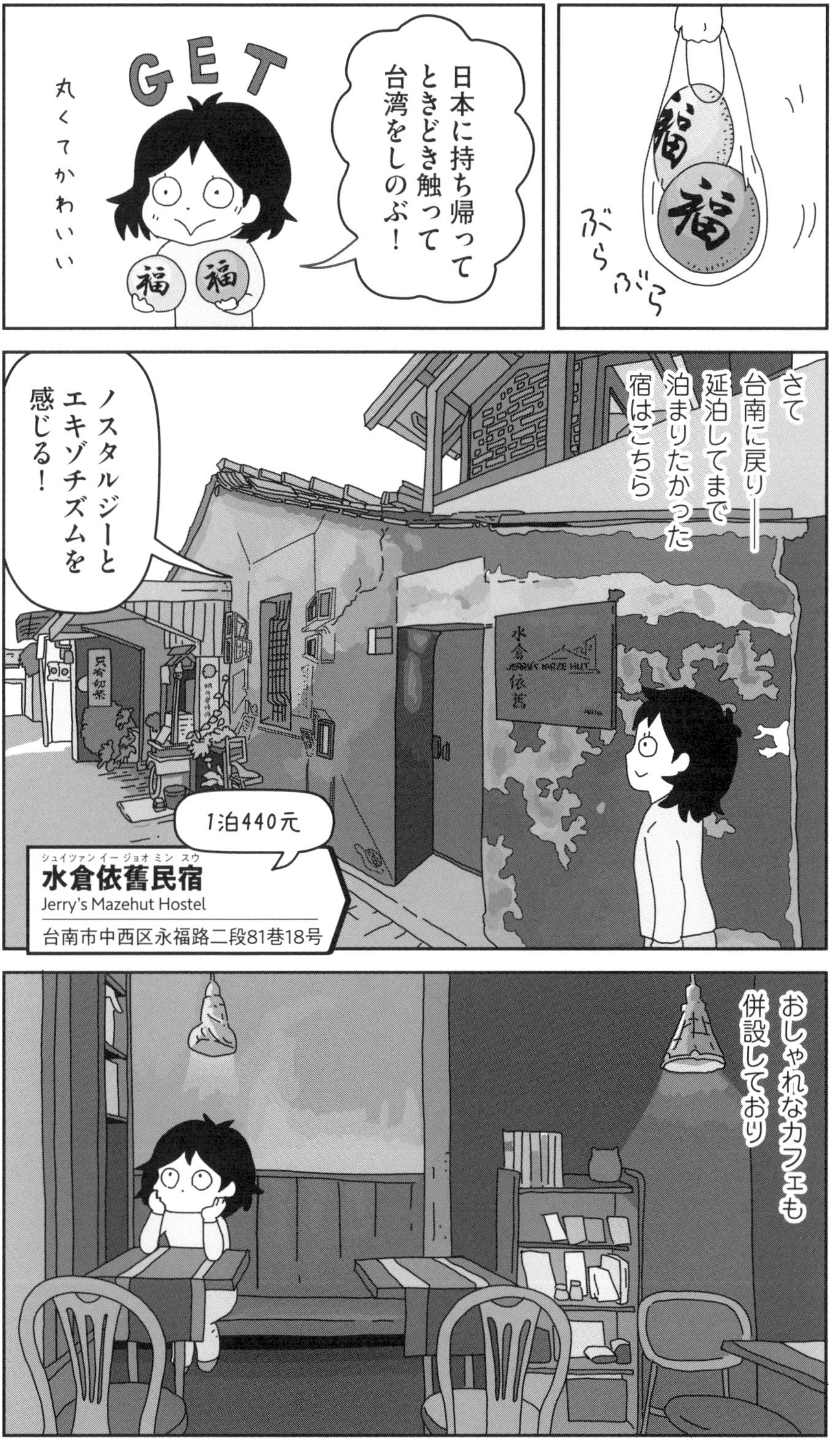
ぶらぶら
日本に持ち帰ってときどき触って台湾をしのぶ！
GET
丸くてかわいい
さて台南に戻り――延泊してまで泊まりたかった宿はこちら
ノスタルジーとエキゾチズムを感じる！
1泊440元
水倉《シュイツァン》依《イー》舊《ジョオ》民《ミン》宿《スウ》
Jerry's Mazehut Hostel
台南市中西区永福路二段81巷18号
おしゃれなカフェも併設しており

ここは元々何だったんですか
オーナーさん
そもそもは清時代に建てられた邸宅で——
清
日本
台湾
その後ここが日本統治時代に増設され
さらにこっちが台湾時代に増築されて——
つまりここは3時代が複合した貴重な建物なんだよ！
そして僕がリノベしました
現代

日本統治時代
部分にいると
タイムスリップ
したような…
そう
チリン…
こんなふうに――
走馬灯タイム
ナヲ子…
次はいつ
日本に
帰れるのでせうね…
sigh…
おぜうさま、台北からはピーチが安いですけど時間的に終電に間に合わず、羽田空港でザコ寝が必要でございます。高雄からタイガーエアがございましてそれがベストかと思いますが、いっそ台中からベトジェットでハノイ経由はいかがでせう
3時代それぞれの
妄想ができそう
泊まることが
アミューズメント！
ドミは綺麗な
カプセル！
満足度
復活！
0
50
100

8日目●高雄
さわ…
石獅下鮮果冰城へ再び
よきかな
よきかな
国外に出れなかった4年間
国内旅行にたくさん行った
すとと
あ
リス!
楽しかったし
日本はいいところだと
再確認した
ツーィ
ツーィ
あの鳥
毎回持って
きてるの
かなあ
駅まで
歩こ
でも——
誰も私を知らない
場所に行くことでしか——
癒やされないものがある——

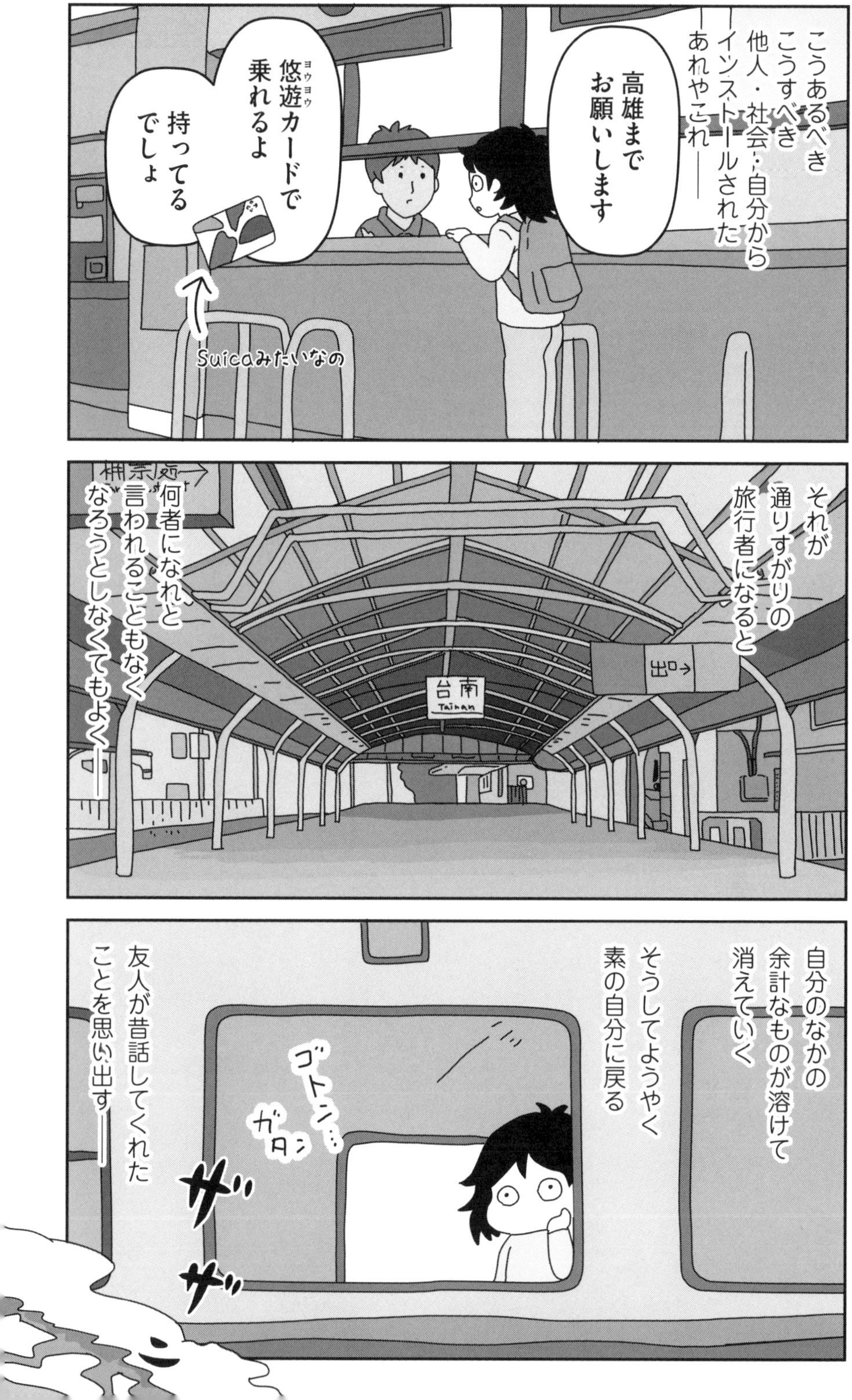
こうあるべき
こうすべき
他人・社会・自分から
インストールされた
あれやこれ――
高雄まで
お願いします
悠遊《ヨウヨウ》カードで
乗れるよ
持ってる
でしょ
Suicaみたいなの
それが
通りすがりの
旅行者になると
出口→
台南
Tainan
何者になれと
言われることもなく
なろうとしなくてもよく――
自分のなかの
余計なものが溶けて
消えていく
そうしてようやく
素の自分に戻る
友人が昔話してくれた
ことを思い出す――
ゴトン…
ガタン
ザ
ザ

by 友人K子 in ジャカルタ
あのな…
色々あったときはいったん島を出るといい
インドネシア在住4年目
ザザ…ン
Don't worry be Happy
I ♡ BALI
糸みたいに絡まったものが消えるから
ついでに呪いも消えるYO!
Be Happy!
Don't worry be Happy
呪いか…
オハヨー占い
さすが呪術が現代も生きている国
まー日本も朝からテレビで占いやってるが…
島の数だけ異なる価値観
問題も違う島《とこ》から見てみると
形を変え
大きさを変え――
違う道に気づくかもね
それが糸をほどくって
ことなんだろうか――
インドネシアの島の数
17,508個か…多っ!

すると内陸の国はどーすんだろ
島なし国は…
そういえば…
走馬灯タイム
霊感ある人がね
旅行中幽霊に取りつかれたんだって
ハァハァ
ゲストハウスの怪談話 in キルギス
ゴクリ
その人が陸路で国境越えたとたんにね…

肩かるぅ～
Bye
イミグレーション
ってなったんだって～
おばけは国境越えられないんだな…
つまり内陸の国は陸路を越えて行け！
じゃあ空路のときは？
日付変更線デショ！
そして世界で2番目に美しい駅
地下鉄《MRT》美麗島《メイリーダオ》駅へ――
一日数回ショーもあるんだって

そこから30秒のゲストハウスへ
ラウンジからの眺めいい！
1泊554元
旅《ルィ》聚《ジュイ》居《ジュイ》青《チン》年《ニェン》旅《ルィ》舎《シャア》
Trip GG Hostel
高雄市新興区中山一路117号6F
キッチンもあり自炊できる
今のところ全く自炊してないけど！
トイレットペーパーは便器に捨てられるタイプ
楽よ
ドミの2段ベッドには簡易カーテンが
ないよりはいい
たった布一枚で快適度が違うのよ

塩埕埔《イェンチョンプー》駅
鹽埕埔站
野外アートがある駅
駅が近いとフットワークが軽くなるので来てみた
新鮮現打果汁
氷少なめ砂糖半分でお願いします
フレッシュジュース専門店
大《ダー》力《リー》果《グオ》汁《ジー》 五《ウー》福《フゥ》店《ディエン》
高雄市塩埕区五福四路295号
糖分50％オフだから倍飲んでもOKな計算よ！
イチゴ成分多くてうま
イチゴもカロリーあるやろ
ちゅるーっ

そして台湾の
おじさんたちが
仕事帰りに
寄り道するのは――
一杯の酒――
綜合冰45元
花生湯45元
圓仔湯45元
＊元
紅豆湯45元
李家圓仔湯
じゃなくて汁粉《しるこ》である
カラ‥ン
水
李家円仔氷《リージャアイェンザイビン》
高雄市塩埕区五福四路234号
私も豆花や汁粉のほうがいい
甘さ控えめ優しい味！
白玉入り紅豆湯《ホンドウタン》
（おしるこ）
下戸
こんな白玉
店の脇に細い路地があり――
232
進んでみよう
狭いところがあったら入り込む性《さが》

そこは細長〜い商店街で
奥行き薄い!
おしゃれカフェもあったり
市場もあり
終わってる…
遅かったか…
豆花
塩埕王家甜湯之家
手工豆花
打狗美食
あ! 豆花屋さんはやってる!
塩埕《イェンチェン》王《ワン》家手《ジャアショウ》工《ゴン》豆《ドウ》花《ホア》
高雄市塩埕区新樂街213-6号
いちご 600cc
しるこ 400cc
もはや体内に液体は入らないので豆花はテイクアウト
すでに1リットルよ!
きゅっ…
ここでクイズです
Quiz
旅行者に向く3大要素はなんでしょうか?

その1・乗り物酔いせず
Woohoo《ヒャッホー》!
I'm king of the world!
ゲロ吐かねぇぜ!
その2・高山病にならず
I'm top of the world!
てっぺんきたぁ!
その3・膀胱でかい
Only once a day!
いちにちいっかい
W・C
そんな人に
私はなりたい
ちなみに私は
全滅YO!
何が
言いたいかというと
今けっこう
トイレに行きたい
ブラ
ブラ
ぴらっ
ん?

占いのチラシだ！
読めないけど多分
計劃
易經企業顧問
塔羅心靈指南
超神準！220元
こんなものをもらうとは完全に溶け込んでるな
顔面？
気分はローカルピーポーよ
いや前に北投温泉で――
你《ニー》來《ライ》自《ツー》哪《ナー》裡《リー》
※どこから来たの
友人
日本です
台湾では温泉でシャワーキャップ被るよ！
えっ！…ウソ！あっちの子は日本人っぽいけどあなたは違うっ！
じゃぼん
え じゃあ何人《なにじん》に見えますか

…
…ウフフフフ
あのう 何人に…
ウフフフフー
……
とうとう教えてもらえなかったが— ベルホヤンスクで服のフルセットを借りたときは
OH!
リアルヤクーチア! ※ヤクート人そのもの
って言われたので——
ベルホヤンスクとは世界で一番寒い街。ヤクート人はそこに住む民族
つまり すべては 服次第?
ドレスコード どうですか?
登山シャツ
エコバッグ
ゴアテックスの靴
おこしにつけた豆花
あ パン屋さんかな

え？サンドイッチ屋さん？しかも焼くの？
焼くだけでおいしくなりようがなくない？
バフッ
ん！これはっ！
大《ダー》丂《コ》ヌ《ウ》胖《パン》碳《タン》烤《カオ》三《サン》明《ミン》治《ジー》
高雄市塩埕区大公路78号
味覚のB級を刺激される味いいいいい！
ガツガツ
要はソースが美味しんぼ
もり
もり
ガヤガヤ

六合夜市で晩ご飯を探します
牛肉飯　牛肉麵　猪脚
焼牛肉麵
なんだろうこれ
これは晩白柚《バンペイユ》という柑橘類の果物の中に漢方薬を詰めたものです
のど飴みたいにスーッとしますよ
白柚果
抽煙過多
清涼潤喉
ふむふむ
通りかかりの日本語ガイドさんの話を聞く技
こっちは檳榔《ビンロウ》の屋台だ！おじさんが嚙むやつだよね
南台黄檳榔
南台黄檳榔
大包 100
小包 50
冷飲南台檳榔
ヤシ科の植物で嚙みたばこみたいな嗜好品

檳榔は赤い唾液を吐き出すので最初は——
血！
と思ったものだが
inミャンマー
お店で紙コップくれるよ〜
こん中によろしく
台湾ヒストリー
昔々、幹線道路沿いに檳榔西施《ビンロウシーシー》という女性たちがいました。
彼女たちはセクシーな格好をして檳榔を売っていたものです。
しかし、売り上げを上げるため彼女たちの露出がどんどんエスカレートし、その結果、風紀上の問題で規制され、ほぼ絶滅しましたとさ。
台湾の歴史だな！お土産で買おう！
檳榔はキンマって葉っぱに包まれて売られる葉っぱごと噛む
ダメ！ゼッタイ
日本へ持ち込み原則禁止だから！つかまるから！

盛《ション》奕《イー》大《ダー》腸《チャン》包《バオ》小《シァオ》腸《チャン》
高雄市新興区六合二路73号
盛奕 SHENGYI
大腸包小腸
Taiwanese Sausage
香腸
糯米腸
こちらはホットドッグだって！
もち米を詰めたソーセージがバンズになってる！
バンズの味選べるんだな
原味 Quinoa
九層塔 Basil
紫糯米 Black sticky
紅麹 Red yeast
咖哩 Curry
カレーのバンズお願いします
HOSTEL
キイ…
夜市から3分で宿に帰れるのはいいよね
さておこしにつけた豆花を

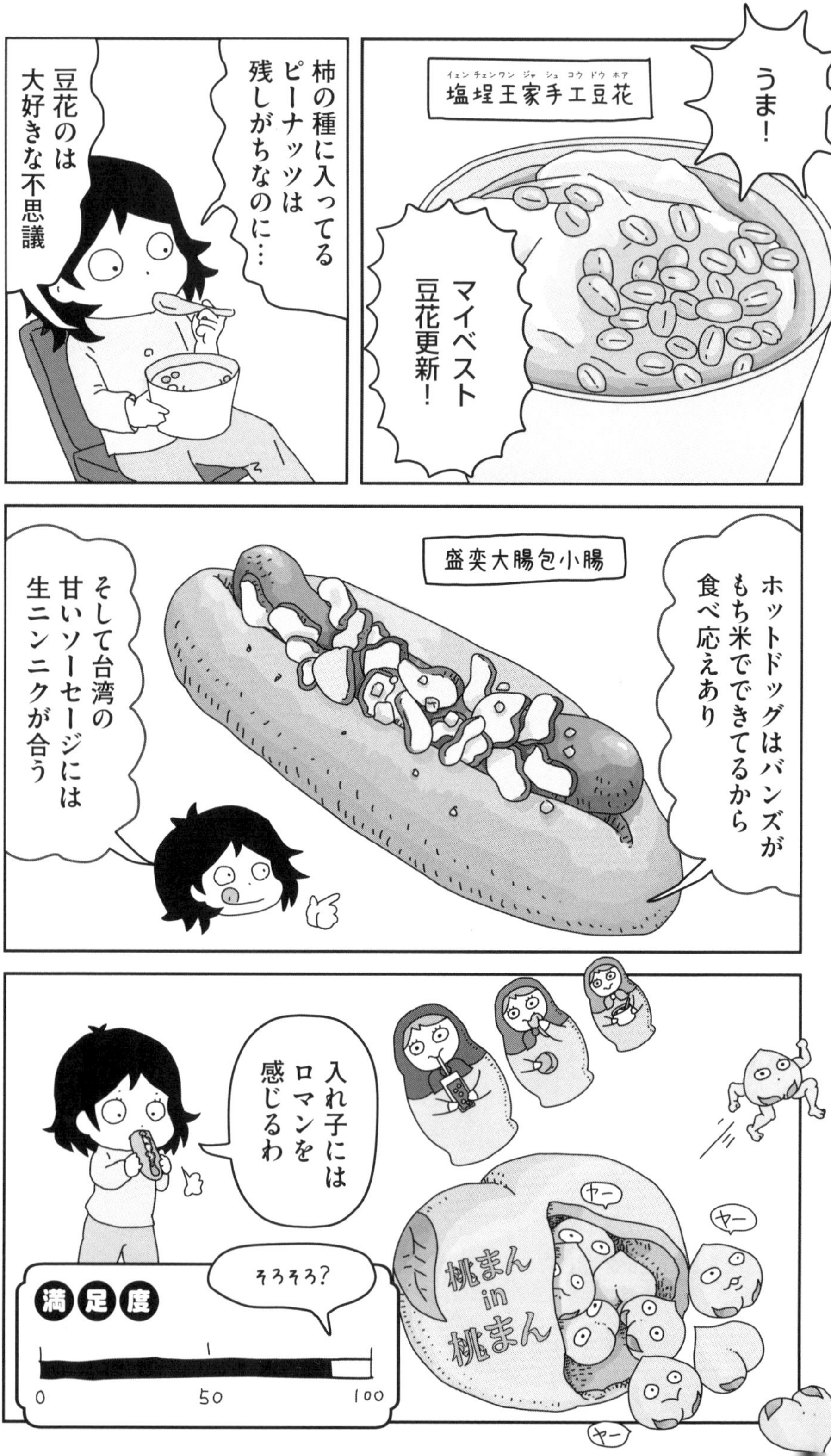
うま！
塩《イェン》埕《チェン》王《ワン》家《ジャ》手《シュ》工《コウ》豆《ドウ》花《ホア》
マイベスト豆花更新！
柿の種に入ってるピーナッツは残しがちなのに…
豆花のは大好きな不思議
盛奕大腸包小腸
ホットドッグはバンズがもち米でできてるから食べ応えあり
そして台湾の甘いソーセージには生ニンニクが合う
入れ子にはロマンを感じるわ
桃まん in 桃まん
ヤー
ヤー
ヤー
そろそろ？
満足度
0
50
100

なんで？

汁粉のお店に会社帰りっぽい人たちいたけどフツー同僚と仕事帰りに行くのはお酒じゃないの？
逆になんで同僚と飲みに行くの？
それぞれの生活あるでしょ
たしかに!!
なんで⁉
ほわいじゃぱにーずぴーぽー
お祝いとかで集まることはあるよ〜
でも日常じゃないね

台湾に飲みニケーションは無い

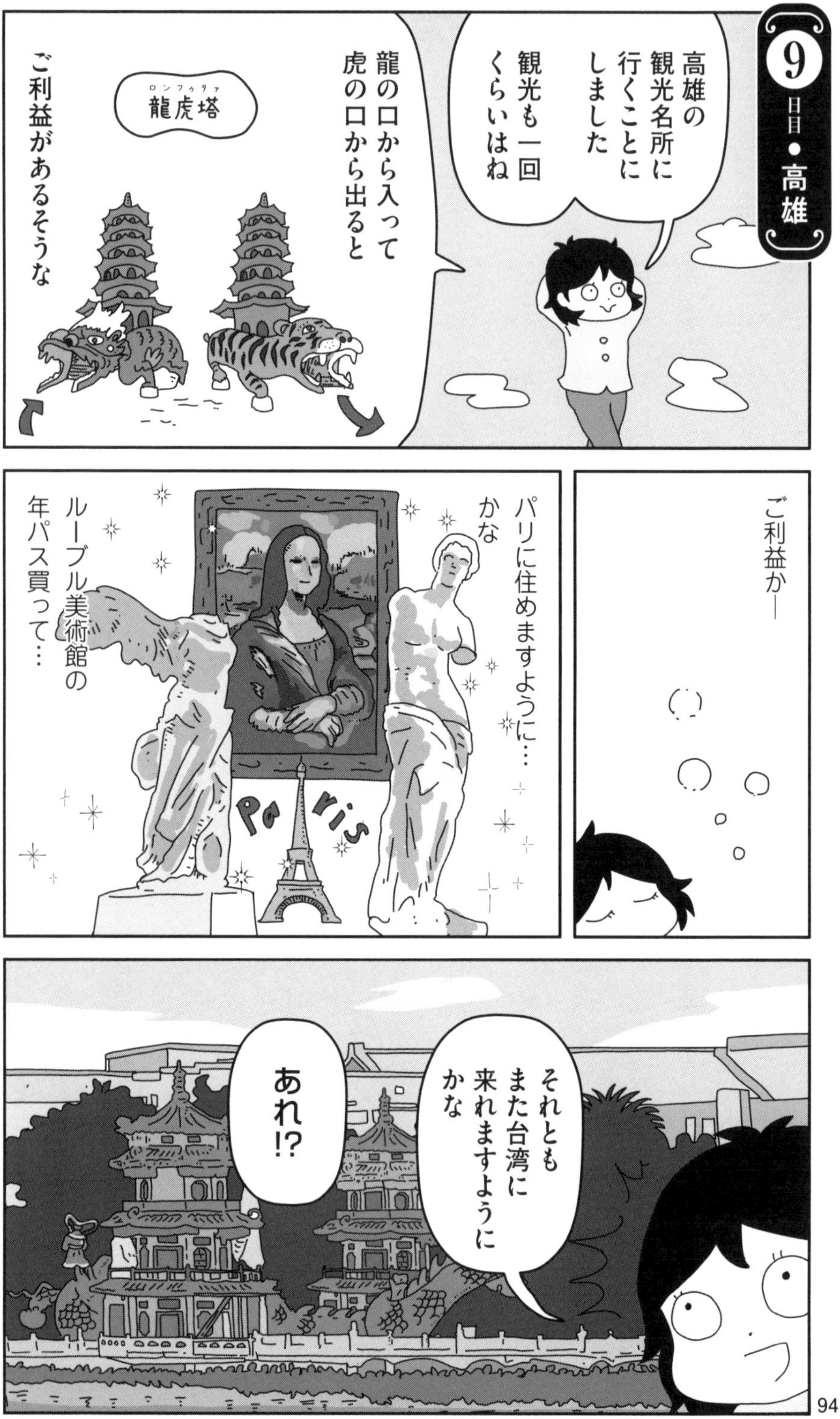
9日目・高雄
高雄の観光名所に行くことにしました 観光も一回くらいはね
龍の口から入って虎の口から出ると
龍虎塔《ロンフゥタァ》
ご利益があるそうな
ご利益か―
パリに住めますように…かな
ルーブル美術館の年パス買って…
Paris
それともまた台湾に来れますようにかな
あれ!?

口開いてない！
工事中
Bye-Bye
私のご利益が!!
バサッ
バサッ
~fin~
正牌白糖粿
營業時間
下午1:30
晚上9:30
気を取り直しおやつを買いに来ました
正《ジォン》牌《パイ》白《バイ》糖《タン》粿《グェ》
高雄市苓雅区自強三路41号
ずっと食べすぎだしひとつだけ！
Diet!
白糖粿ください
菜單《メニュー》
日本人か
ザーッ
じゃあ芋頭餅も買いなさいきっと好きだから
うん
えっ

さて どっちが おいしいでしょうか
揚げたてだから ヤケド注意ね
まずは 白糖粿から
カサ
外はパリパリのおかき！ 中はどこまでも伸びる餅！
ピーナッツ粉が まぶしてある
芋頭餅は サツマイモ餡の 中にタロイモの入れ子
外はふかふか 中はトロトロ
結論… みんな違って みんなうまい
台湾で ダイエット無理

番茄の蜜餞に合うお茶を買いに来たよ
錦華茶行
錦華茶行《ジン ホア チャア ハン》
高雄市新興区南台路121号
東方美人《ドンファンメイレン》ありますか〜
有《ヨウ》
あるよ
東方美人とは
生育過程で害虫に茶葉をかじらせることにより独特な風味が出る甘く芳醇な香りが出る高級茶
これは白い葉が多いからいいお茶だよ〜
ザ…
東方美人
生き物との共同作業なんて不思議だよね
生き物コラボフードいろいろ
冬虫夏草
Hi!
こっちは乗っ取りか…
コピ・ルアック
ププッ
COFFEE
豆を食べさせて体内を経由させる珈琲

東方美人茶は台北で買うほうが種類選べるよ
今高雄にいるなら阿里山《アリサン》茶買ったら
東方美人は台湾近郊が産地だから
カフェイン少ないから東方美人がいい…
カフェインに弱い
たしかに阿里山茶は5種類もあるけど東方美人は1種類のみ…台北に戻ろうか…
春茶
梅山烏龍茶
福鹿烏龍茶
雲頂茶
阿里山
玉山烏龍茶
試飲する？
する！
とくっ とくっ

台湾来る前
うまくいかないことが
いろいろあって——
でも——
おっと…
ふわ〜
くらっ
これはお茶酔いといって
ミネラル分が高い
お茶を飲むと
血行が良くなり
まるで
お酒を飲んだような
酩酊状態になる
檳榔いらず！
旅先から見たら
問題は小さくなったり
形を変えたり
だからもう帰っても
いいかなって
う〜ん
おいしい
島越え
効果ね！

そして
また来ればいいよね
もう1煎
飲ませて
OK!
1回の茶葉で
5煎はいけるから!
東方美人
ぺったん
——何度でも
たくさんある阿里山の
茶袋に筆ペンで
『東方美人』と書いて
貼り付けている…
阿
東方美人
やはり
東方美人は
ここではレギュラー
ではない
そしてひとたび入れると
その茶葉で店員さんたちも
みんな飲むのであった
茶
茶
茶
100g
960元
だしね!
ふんぱつ!
※960元=4,000円
（2023年3月当時のレート）

さて
どうやって
日本に帰ろうかな
5日後の台北発は
キャンセルし…
高雄発だとー
ハノイ経由安いな
シンチャオ
ベトナム行っちゃう?
…いや
明日帰ろう
ぽちっ
もう満足したしね
高雄から日本直行!
我が台所
六合夜市来たよ
猪脚牛肉麺
十全藥膳排骨
東東火鍋燒肉
大魷魚
西瓜牛奶50
西瓜汁40
パイナップル
ジュースください
鮮果汁

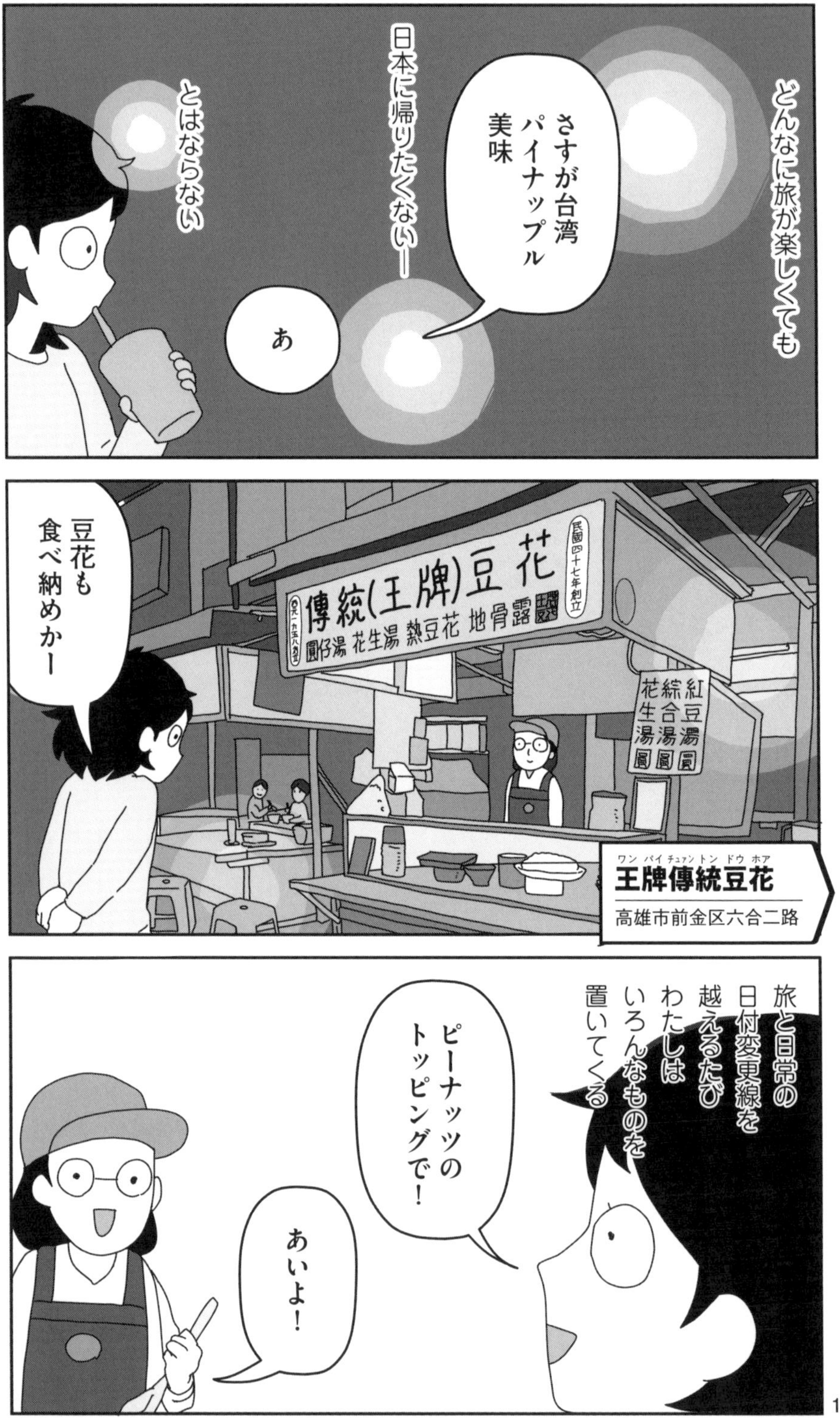
どんなに旅が楽しくても
さすが台湾パイナップル美味
日本に帰りたくないー
あ
とはならない
民國四十七年創立
傳統(王牌)豆花
圓仔湯 花生湯 熱豆花 地骨露
紅豆湯 綜合湯 花生湯
豆花も食べ納めかー
王《ワン》牌《パイ》傳《チュァン》統《トン》豆《ドウ》花《ホア》
高雄市前金区六合二路
旅と日常の日付変更線を越えるたびわたしはいろんなものを置いてくる
ピーナッツのトッピングで!
あいよ!

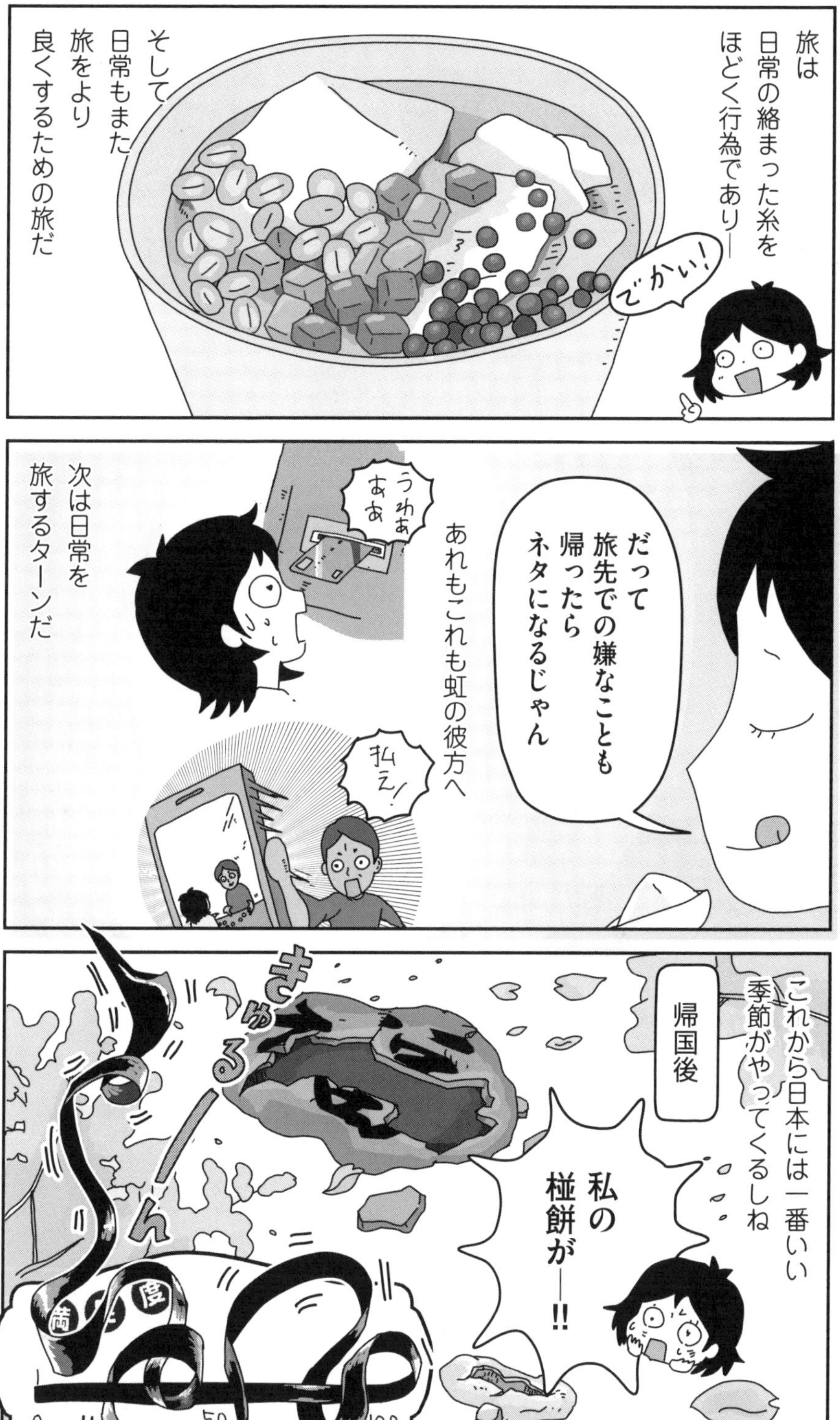
旅は
日常の絡まった糸を
ほどく行為であり――
でかい!
そして
日常もまた
旅をより
良くするための旅だ
だって
旅先での嫌なことも
帰ったら
ネタになるじゃん
あれもこれも虹の彼方へ
うわぁ
あぁ
払え!
次は日常を
旅するターンだ
これから日本には一番いい
季節がやってくるしね
帰国後
私の
桜餅が――!!
きゅる――ん
0
50
100

台湾おやつ辞典だよ！
注文のとき指さして使ってね

甜《ティェン》点《ディエン》 スイーツ

冷《ロン》《つめたいの》か熱《ルァ》《あたたかいの》かを選べるのもあるよ

豆花《ドウ ホア》 冷 熱

豆乳を固めたデザート

愛玉《アイ ユィ》

愛玉で作るゼリー

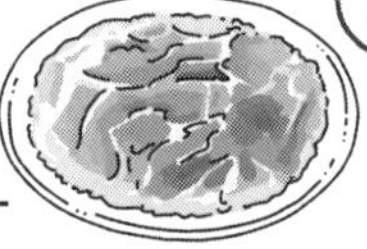

杏仁豆腐《シン レンドウ フゥ》

杏仁+牛乳を
固めたデザート

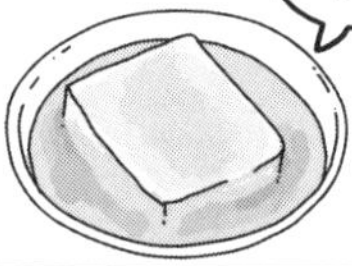

仙草凍《シェンツァオドン》

仙草で作るゼリー

布丁《ブ ディン》

プリン

紅豆湯《ホンドウ タン》

お汁粉 まんま

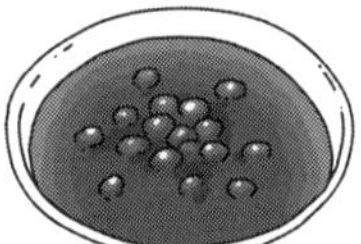

古早味蛋糕《グゥ ザオウェイダン ガオ》

ふわふわのカステラ

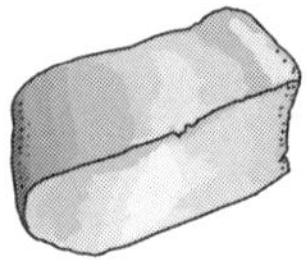

鳳梨酥《フォンリー スウ》

パイナップルケーキ

冰《ビン》 かき氷

刨冰《バオ ビン》＆剉冰《ツオ ビン》

普通の氷を削ったかき氷

牛奶冰《ニィウナイ ビン》

練乳がけかき氷

雪花冰《シュエホア ビン》

氷に牛乳などの味が
ついてるかき氷

泡泡冰《パオ パオ ビン》

氷を削ってからシロップ
を混ぜ合わるアイス

氷なしでも量を減らされない国！
そしてサイズでかい
お得

飲《イーン》料《リァオ》 飲みもの

珍珠奶茶《ジェンジュウナイチャア》
タピオカミルクティー

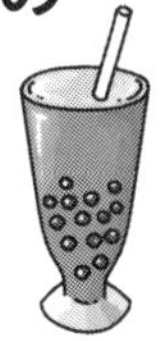

木瓜牛奶《ムゥグァニィウナイ》
パパイヤミルク

クリーミー

甘蔗汁《ガンジョアジー》
サトウキビジュース

ミネラル
たっぷり

冰沙《ビンシャア》
アイススムージー

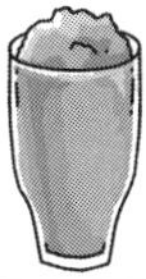

豆漿《ドウジャン》 冷 熱
豆乳

基本砂糖入り

鹹《シェン》がつくと
甘くない
〈鹹豆漿《シェンドウジャン》〉
になる

配《ペイ》料《リァオ》 トッピング

迷ったときは「綜合《ゾンホー》」
ミックスになるよ！

紅豆《ホンドウ》
小豆

大紅豆《ダーホンドウ》
うずら豆

緑豆《ルィドウ》
もやしの種

薏《イー》仁《レン》
ハトムギ

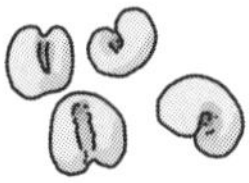

花生《ホアシェン》
ピーナッツ

おすすめ

粉圓《フェンユェン》
タピオカ

粉粿《フェングェ》
サツマイモ粉のゼリー

おすすめ
どぅるん
どぅるん

湯圓《タンユェン》
白玉団子

芋圓《ユィユェン》
タロイモ団子

おすすめ

地瓜圓《ディグァユェン》
サツマイモ団子

芋頭《ユィトウ》
タロイモ

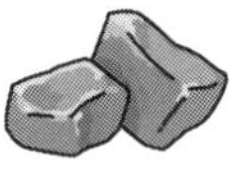

地瓜《ディグァ》
サツマイモ

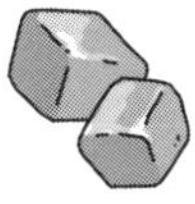

好き
好き

金桔《ジンジェー》
酸っぱい柑橘類

原味《ユェンウェイ》
オリジナル
つまり
トッピングなし

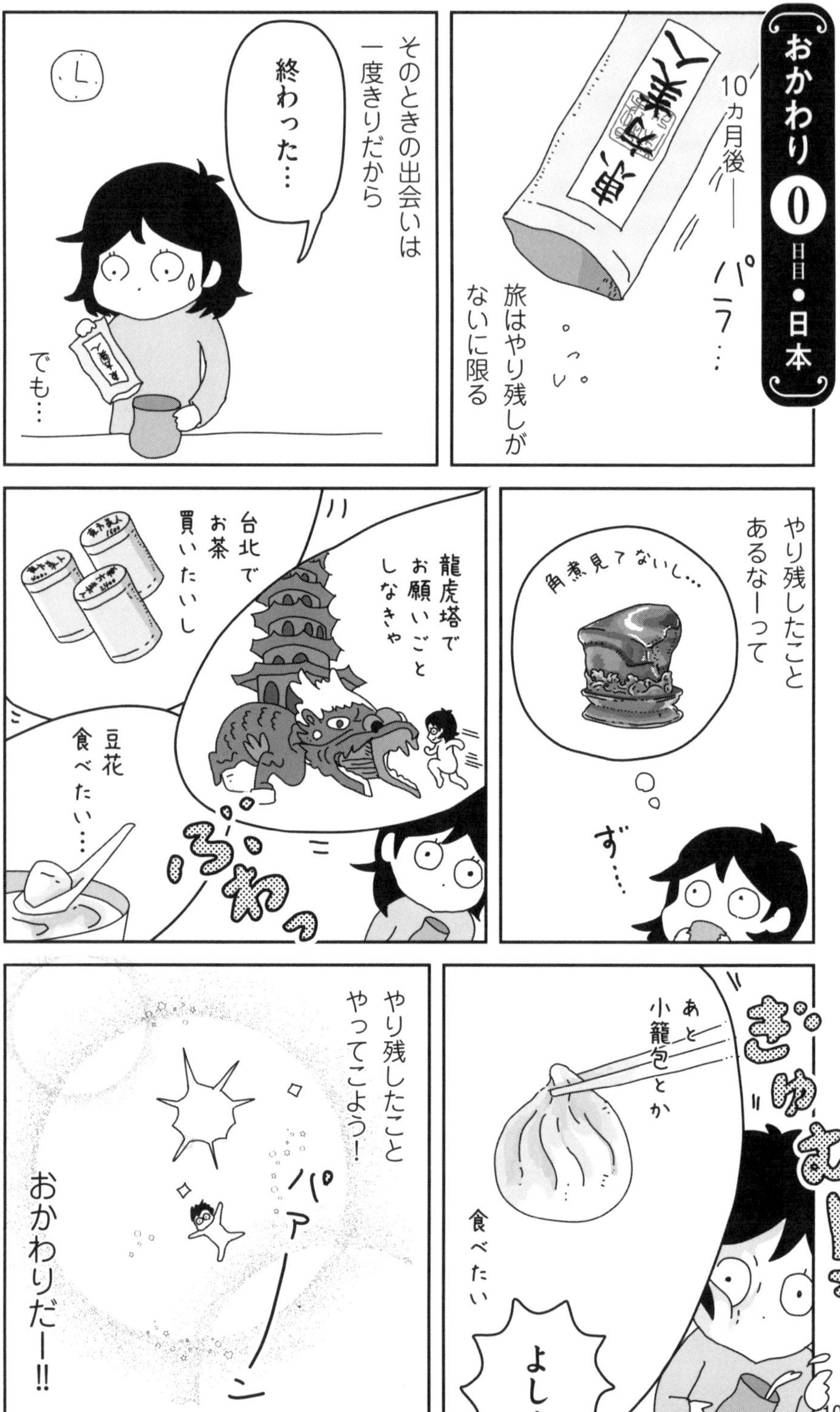

おかわり0日目・日本
10ヵ月後――
パラ…
旅はやり残しがないに限る
そのときの出会いは一度きりだから
終わった…
でも…
やり残したことあるなーって
角煮見てないし…
ず…
龍虎塔でお願いごとしなきゃ
台北でお茶買いたいし
豆花食べたい…
ぶわっ
ぎゅむーっ
あと小籠包とか
食べたい
よし!
やり残したことやってこよう!
パアーーー
おかわりだー!!

おかわり台湾

やりたいこと
どこまでできるかな♪

やりたいことリスト

高雄

- [ ] 龍虎塔に登ってお願いごとをする
- [ ] 塩埕区に泊まり細い路地を探索する
- [ ] 塩埕王家手工豆花で豆花を食べる

台南

- [ ] 窄門咖啡館でお茶をする
- [ ] 水倉依舊民宿に泊まる
- [ ] 赤嵌棺材板で棺桶パンを食べる

細ーい入り口のカフェ！
前回はスルー

台中

- [ ] いつか住むために物件情報を見てこよう
- [ ] 友人おすすめの水餃子を食べる
- [ ] お土産に太陽餅を買う

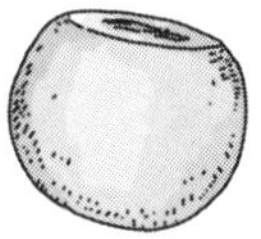

台北

- [ ] 林華泰茶行で東方美人茶を買う
- [ ] 国立故宮博物院で角煮を見る
- [ ] 漁師バッグを買う

食べられない
角煮を見たい

台湾土産の
定番！

どこかで

- [ ] 愛玉を食べる
- [ ] ほんだしの台湾限定ホタテだしを買う
- [ ] 台湾限定ハイチュウを食べる

HI-CHEW
青芒果口味 青マンゴー
HI-CHEW
青檸口味 青レモン
台湾限定の
ハイチュウがあるらしい

おかわり
再訪は
マークつけたよ

旅のせこい荷物軽量化

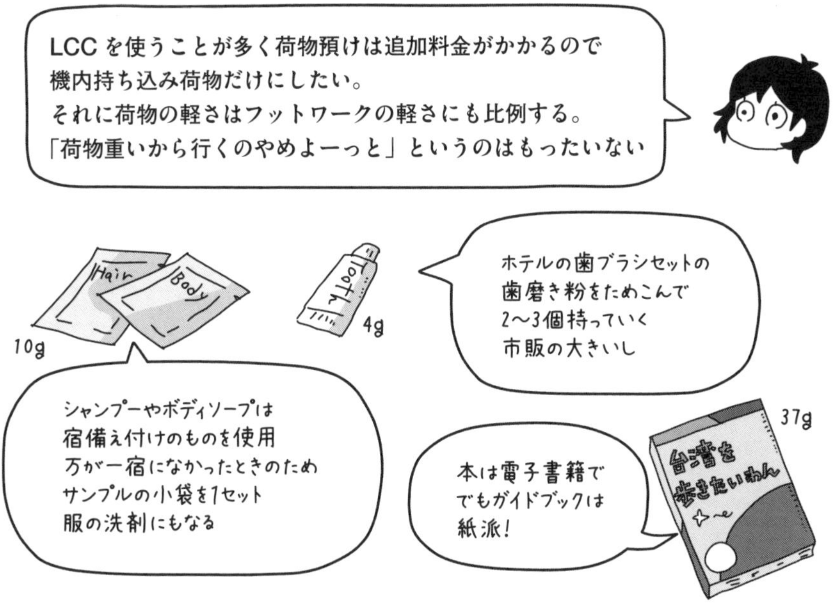
LCCを使うことが多く荷物預けは追加料金がかかるので
機内持ち込み荷物だけにしたい。
それに荷物の軽さはフットワークの軽さにも比例する。
「荷物重いから行くのやめよーっと」というのはもったいない
Hair
Body
10g
Tooth
4g
ホテルの歯ブラシセットの
歯磨き粉をためこんで
2〜3個持っていく
市販の大きいし
シャンプーやボディソープは
宿備え付けのものを使用
万が一宿になかったときのため
サンプルの小袋を1セット
服の洗剤にもなる
本は電子書籍で
でもガイドブックは
紙派！
37g
台湾を
歩きたいわん

旅好きの重症化

わー
あの服
すぐ乾きそう
すぐ乾けば
たくさん服を
持っていかなくてすむ
服屋にて
軽いな！
ヨシ！
142g
重さチェック
あれっ
日本で着る服を
買いに来た
はずが…
選択の基準が旅…

おかわり1日目●高雄
まずは龍虎塔《ロンフウタァ》へ!
私のご利益が!!
工事中
前回のリベンジってわけ
外壁は工事中だったけど中に入れたよ~
先月来た友人
入って出さえすれば願いが叶うから!
外壁はもう見たしね
もうね入れさえすれば
え
NO ENTRY
えー!!えー!!

敷地に入ることさえっ……！
むしろ前より遠く！
完成は年末予定でー
ツアー
年末……！
あっ
ぐぐぐっ
出鼻がっ……
ポキーン
ああっ
くじかれっ
ぼとっ
出鼻
チリンチリン
大丈夫だろうかしょっぱなからー
え…
シャーッ
ハンドルにでかいオウム3羽乗ってたー
塔に入れなかったけどどうでもよくなりました
ほっこり…

塩埕区
細い路地の商店街を歩きに来たよ
ビルの隙間に数ブロックにまたがる商店街が
あ！路上ソファー
アーケードがあるとはいえ…
――の隣には麺屋！
あっちは細麺でこっちは太麺
麺が暖簾のようだ
卵屋さんにはピータンやらアヒルやらいろいろな卵も
レトロ壁絵の近くには
包麺郎三
三郎パン Saburou Bakey
レトロパン屋さんいいね

鹽埕王家甜湯之家
手工豆花
打狗美食
TAKAO
あ！塩埕王家手工豆花！
ここの豆花また食べたかったんだ♪
あれってたしか生姜だよね
薑汁
金
日本寒かったし生姜にしよ！

ジンジャープリーズ！
わぁっ…爽やかな酸味！
まるっきり柑橘類のような
そうまるっきり——
手工豆
狗
美
TAKAO
あのぅこれなんのシロップですか？
金桔《ジンジェー》=台湾の酸っぱい柑橘類
薑汁《ジャンジー》=生姜汁
金桔《ジンジェー》
ザッ…
えっ！
台湾のおやつ辞典が必要かも！
金桔《ジンジェー》おいしい！

※台湾おやつ辞典は104ページにあるよ

でも——
自分で選んでないのが来るって
ガチャ感あっていい出会い
さて
宿はこの辺のはずなんだけど…
衣潔自助洗衣
どうしてもコインランドリーに着いちゃう…
ん？
KLABNB
塩晶栈
裏に入り口が…！
1階がおしゃれコワーキングスペースになってる！
welcome!
1泊709元
塩晶栈《イェン ジン ツァン》
KLA B&B
高雄市塩埕区新興街41-1号
キッチンも広～
コインランドリーからも入れるよ
からくり屋敷！

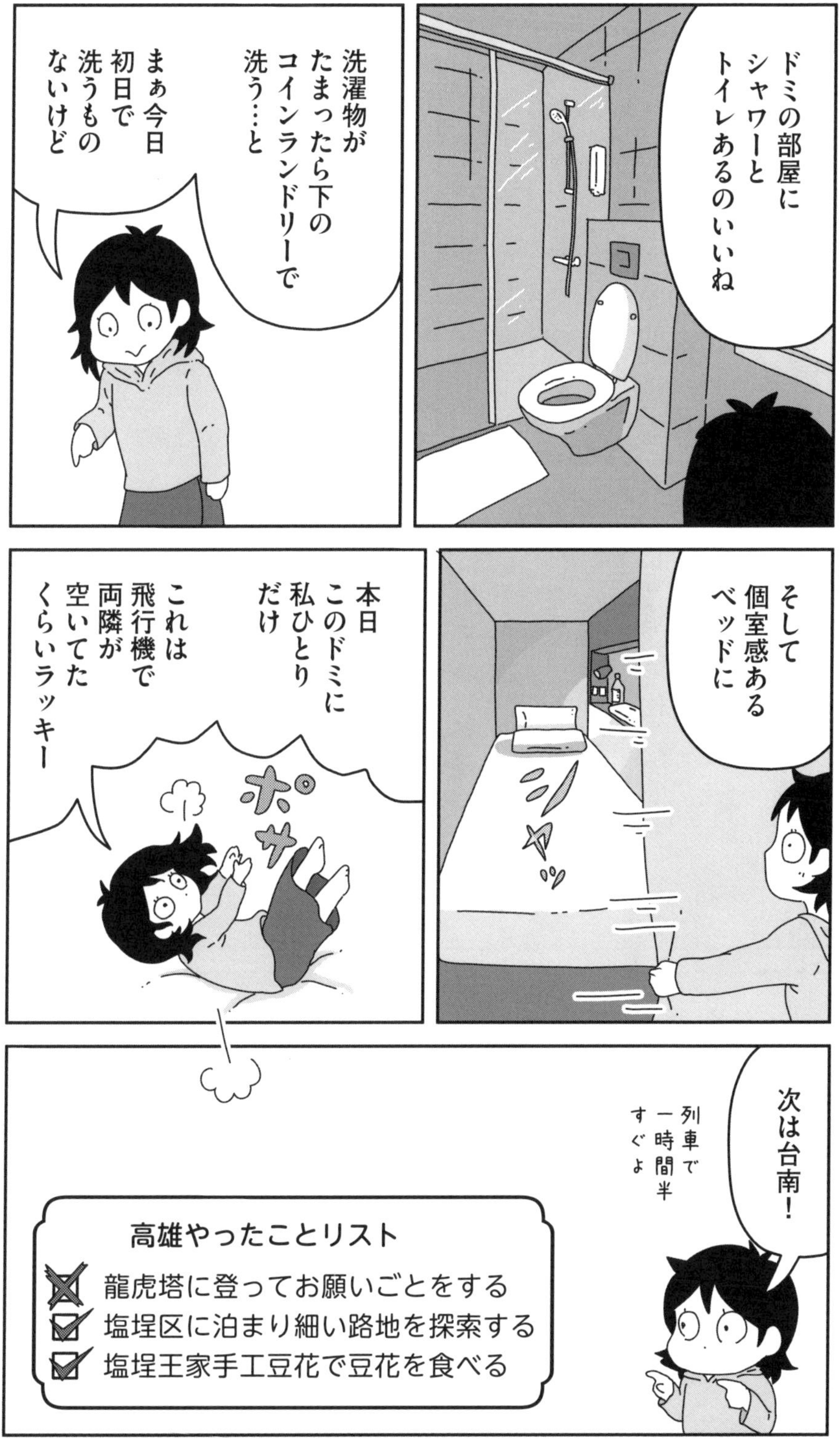

ドミの部屋にシャワーとトイレあるのいいね
洗濯物がたまったら下のコインランドリーで洗う…と
まぁ今日初日で洗うものないけど
そして個室感あるベッドに
本日このドミに私ひとりだけ
これは飛行機で両隣が空いてたくらいラッキー
ポサ
次は台南！
列車で一時間半すぐよ
高雄やったことリスト
龍虎塔に登ってお願いごとをする
塩埕区に泊まり細い路地を探索する
塩埕王家手工豆花で豆花を食べる

おかわり2日目・台南

台南は——
路地を迷うのが
楽しい
清朝時代に造られた門をくぐり…
兌悦門
お？
歴史的建造物に民家がくっついてるぅ
兌悦門
この家の人らはどんな気持ちで暮らしてるんだろー
もし自分ちが眼鏡橋にでもつながってたら——
眼鏡橋in長崎

まんじゅう売ってそう
メガネまんじゅう
一個 百円ばい おひとつ どんがな
この辺は かなり日本風味…！
あっ Wi-Fi つながった！
自動でWi-Fiが つながるのは 帰ってきた感 あるよねー
そう 本日の宿は——
前回と同じ 水倉依舊民宿！
ただいま〜

この辺
いろんな時代の
建物残ってますね～
ここもだけど
だから台南は
京都に似てるって
言う人もいるね！
ドミの壁
見た？
壁？
あれ！
日本統治時代の壁！
竹を組んで
上に藁土を
塗ってある
竹の
骨組みが
見える！
日本の
竹小舞土壁と
同じだ！
こちらは
清朝時代の
屋根で
いい感じで
古いもの
残してるな～

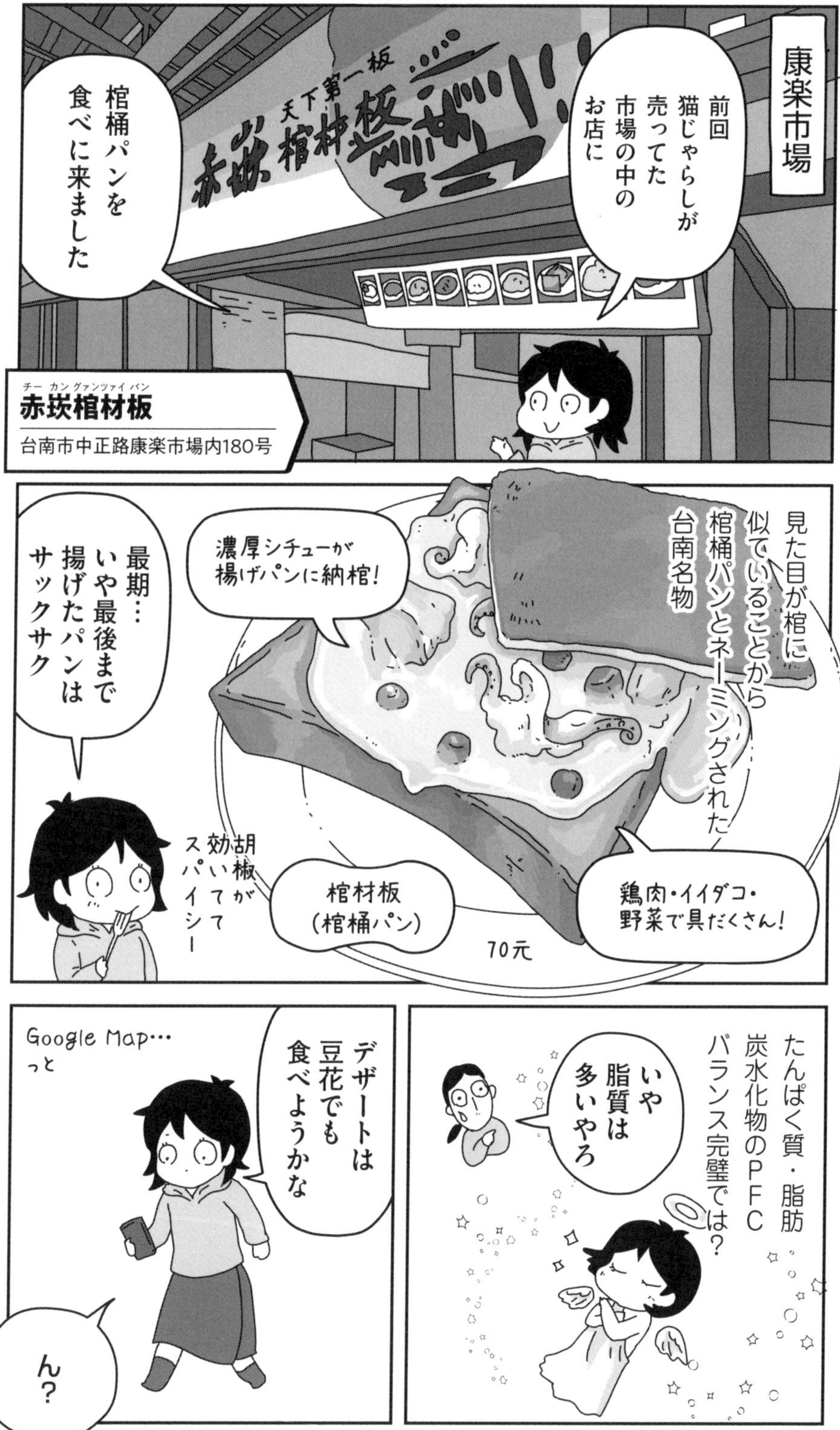
康楽市場
前回猫じゃらしが売ってた市場の中のお店に
天下第一板
棺桶パンを食べに来ました
赤《チー》崁《カン》棺材《グァンツァイ》板《バン》
台南市中正路康楽市場内180号
見た目が棺に似ていることから棺桶パンとネーミングされた台南名物
濃厚シチューが揚げパンに納棺！
最期…いや最後まで揚げたパンはサックサク
鶏肉・イイダコ・野菜で具だくさん！
棺材板（棺桶パン）
70元
胡椒が効いててスパイシー
たんぱく質・脂肪・炭水化物のPFCバランス完璧では？
いや脂質は多いやろ
Google Map…っと
デザートは豆花でも食べようかな
ん？

豆花店多すぎ!!
そういえば――
なんで日本には豆花のお店あまりないの？
えーあるよ
ホラ京都にも3軒くらい
京都旅行中の台湾人女子ユンさん
分かった…
言っていた意味が…
そして多すぎて選べない
でしょ〜〜
しかし
たしかに台南と京都は似ているところが
あちこちに廟があるし
京都だと神社仏閣
全臺首學
縁起物多いし
福
路地もあるし
なにより…
※廟とは道教のお寺

あーゆーの！
長屋を
切り離した跡
更地にして
建て替えたり
しない！
それに京都は
細い路地の
先にある
喫茶店も多くて…
cafe
しかし…
ここまで
細い路地奥カフェは
京都にもない！
入り口の一番
狭いところで
38センチだって
まっすぐだと入れず
人体は横の方が
薄いと証明中
じりじり
たくさん食べて
太ったら
帰れない！
なのに
階段の幅は普通

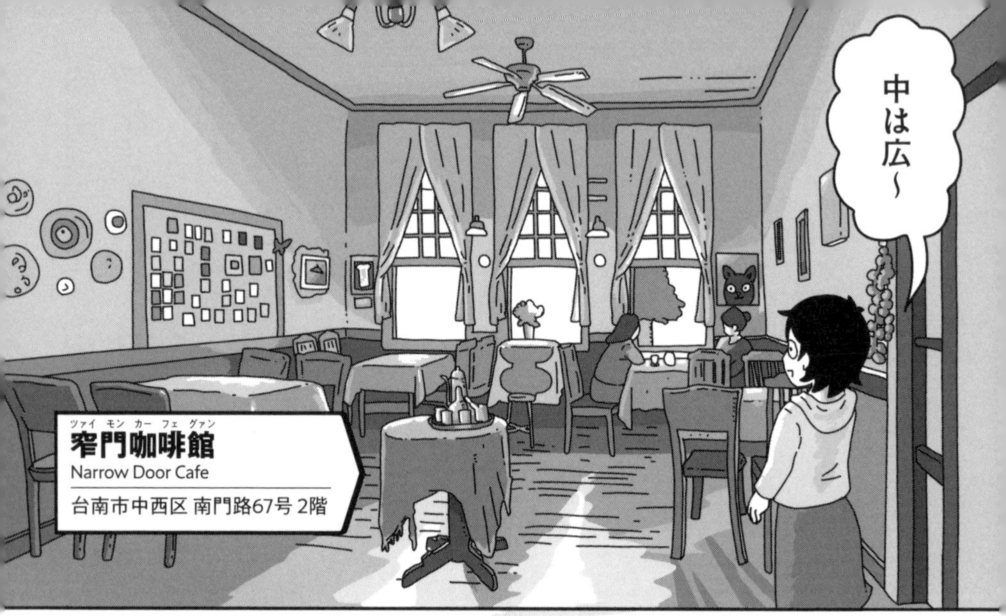

中は広～
窄《ツァイ》門《モン》咖《カー》啡《フェ》館《グァン》
Narrow Door Cafe
台南市中西区 南門路67号 2階

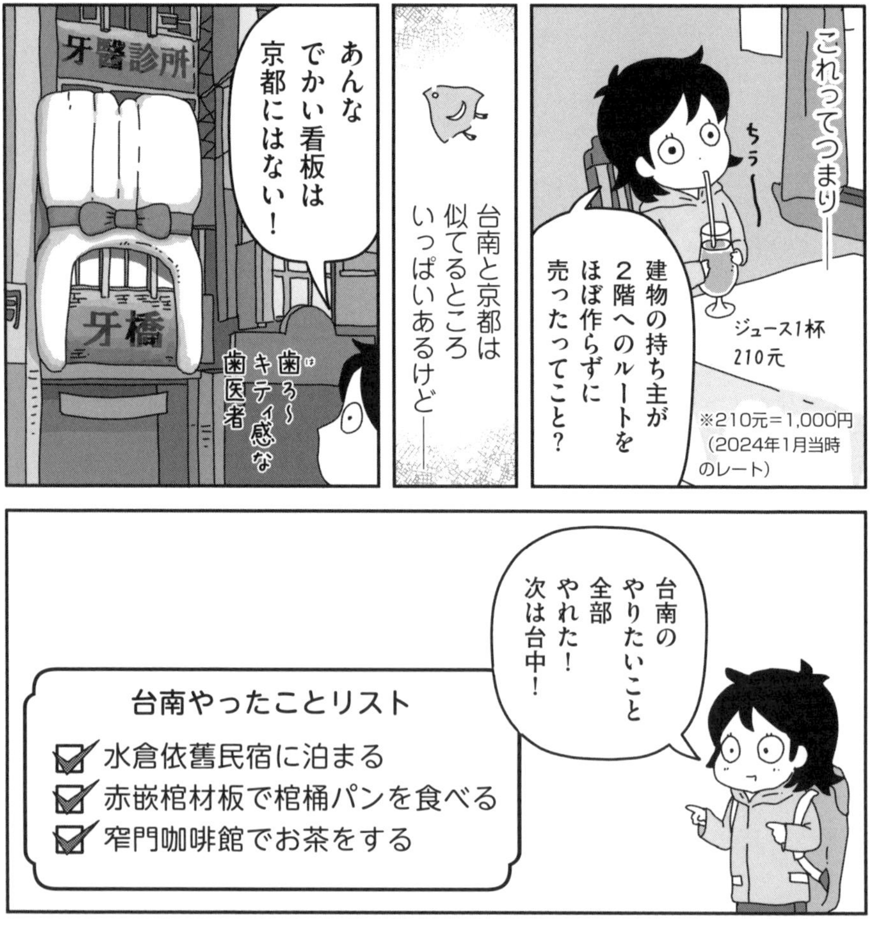

これってつまり――
ちぅ～
建物の持ち主が2階へのルートをほぼ作らずに売ったってこと？
ジュース1杯 210元
※210元＝1,000円（2024年1月当時のレート）
台南と京都は似てるところいっぱいあるけど――
あんなでかい看板は京都にはない！
牙醫診所
牙橋
歯《は》ろ～キティ感な歯医者
台南のやりたいこと全部やれた！次は台中！
台南やったことリスト
水倉依舊民宿に泊まる
赤嵌棺材板で棺桶パンを食べる
窄門咖啡館でお茶をする

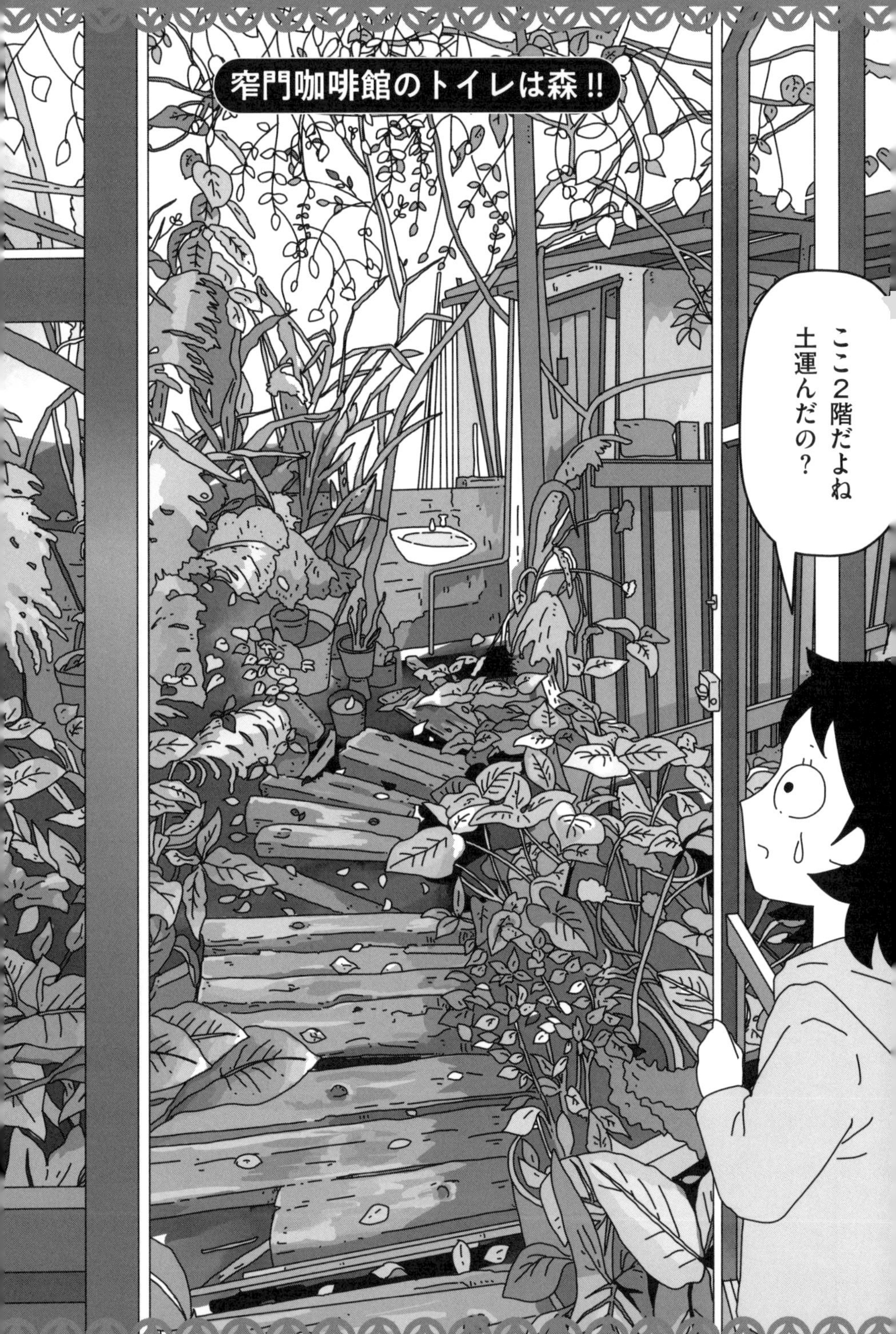
窄門咖啡館のトイレは森!!
ここ2階だよね 土運んだの？

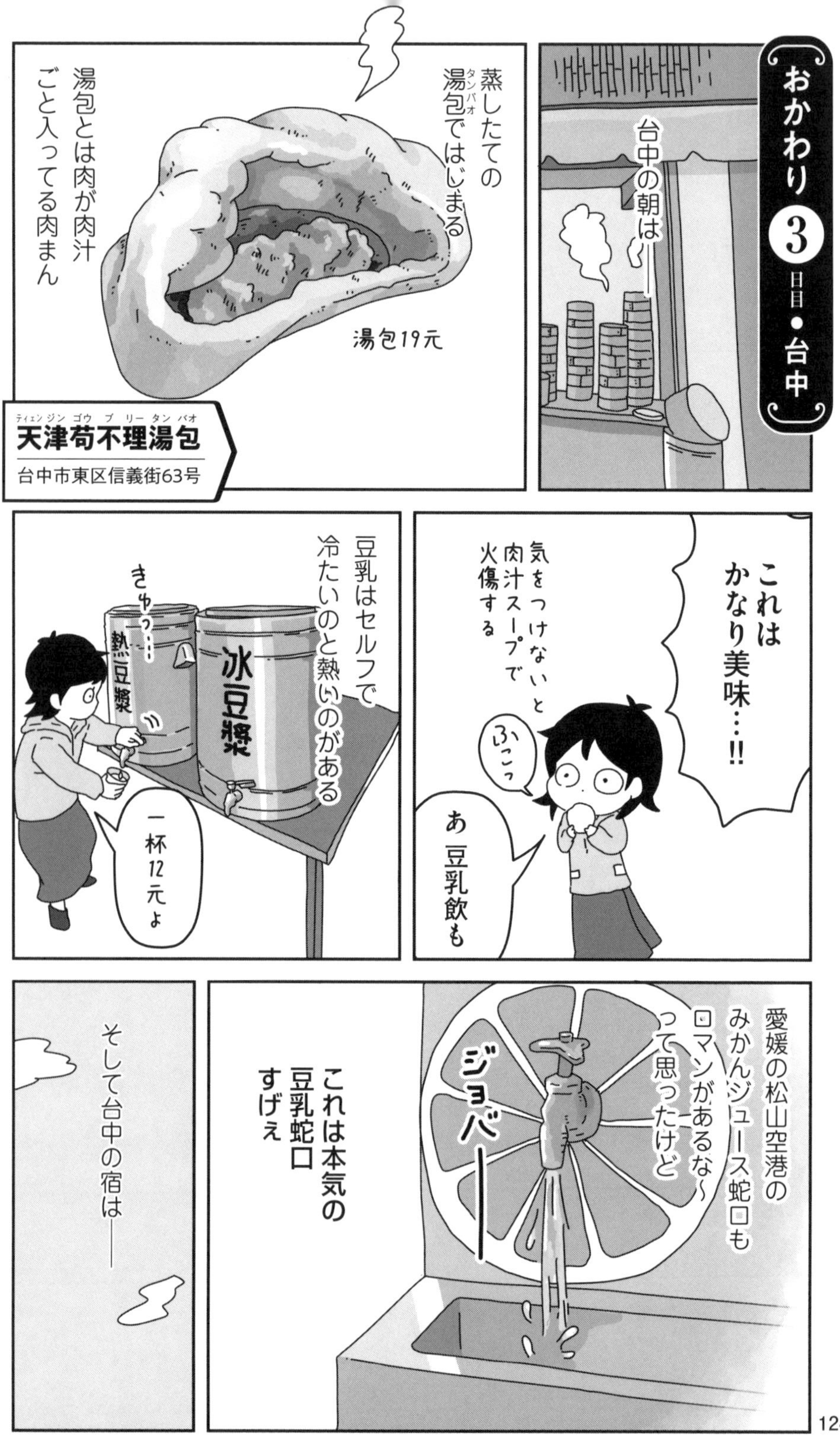
おかわり
3
日目・台中
台中の朝は――
蒸したての湯包《タンバオ》ではじまる
湯包とは肉が肉汁ごと入ってる肉まん
湯包19元
天《ティェン》津《ジン》苟《ゴウ》不《ブ》理《リー》湯《タン》包《バオ》
台中市東区信義街63号
これはかなり美味…!!
気をつけないと肉汁スープで火傷する
ふっこっ
あ 豆乳飲も
豆乳はセルフで冷たいのと熱いのがある
きゅっ…
熱豆漿
冰豆漿
一杯12元よ
愛媛の松山空港のみかんジュース蛇口もロマンがあるな～って思ったけど
ジョバー
これは本気の豆乳蛇口すげぇ
そして台中の宿は――

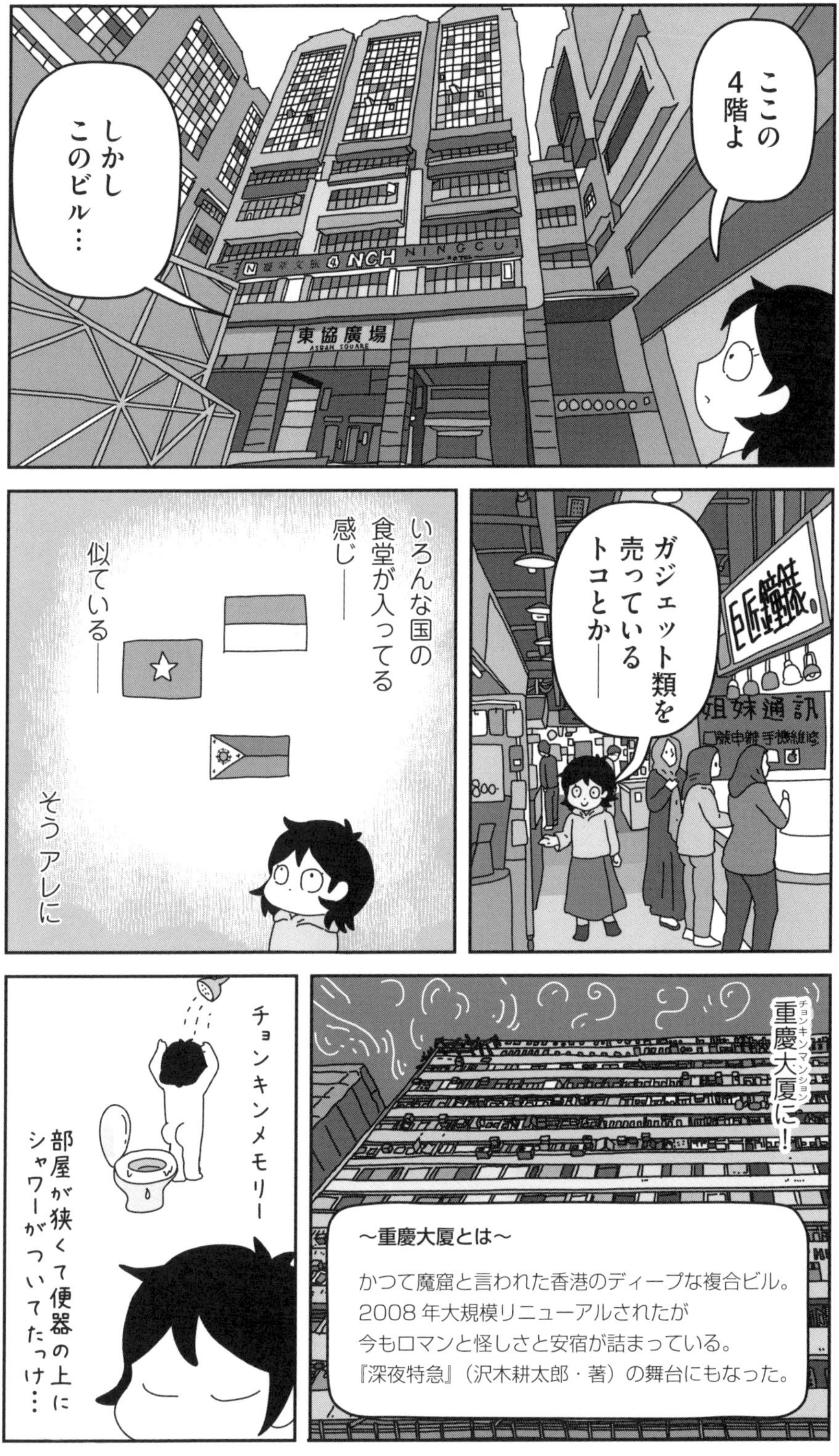
ここの4階よ
しかしこのビル…
東協廣場
ガジェット類を売っているトコとか——
姐妹通訊
いろんな国の食堂が入ってる感じ——
似ている——
そうアレに
重慶大厦《チョンキンマンション》に!
~重慶大厦とは~
かつて魔窟と言われた香港のディープな複合ビル。
2008年大規模リニューアルされたが
今もロマンと怪しさと安宿が詰まっている。
『深夜特急』(沢木耕太郎・著)の舞台にもなった。
チョンキンメモリー
部屋が狭くて便器の上にシャワーがついてたっけ…

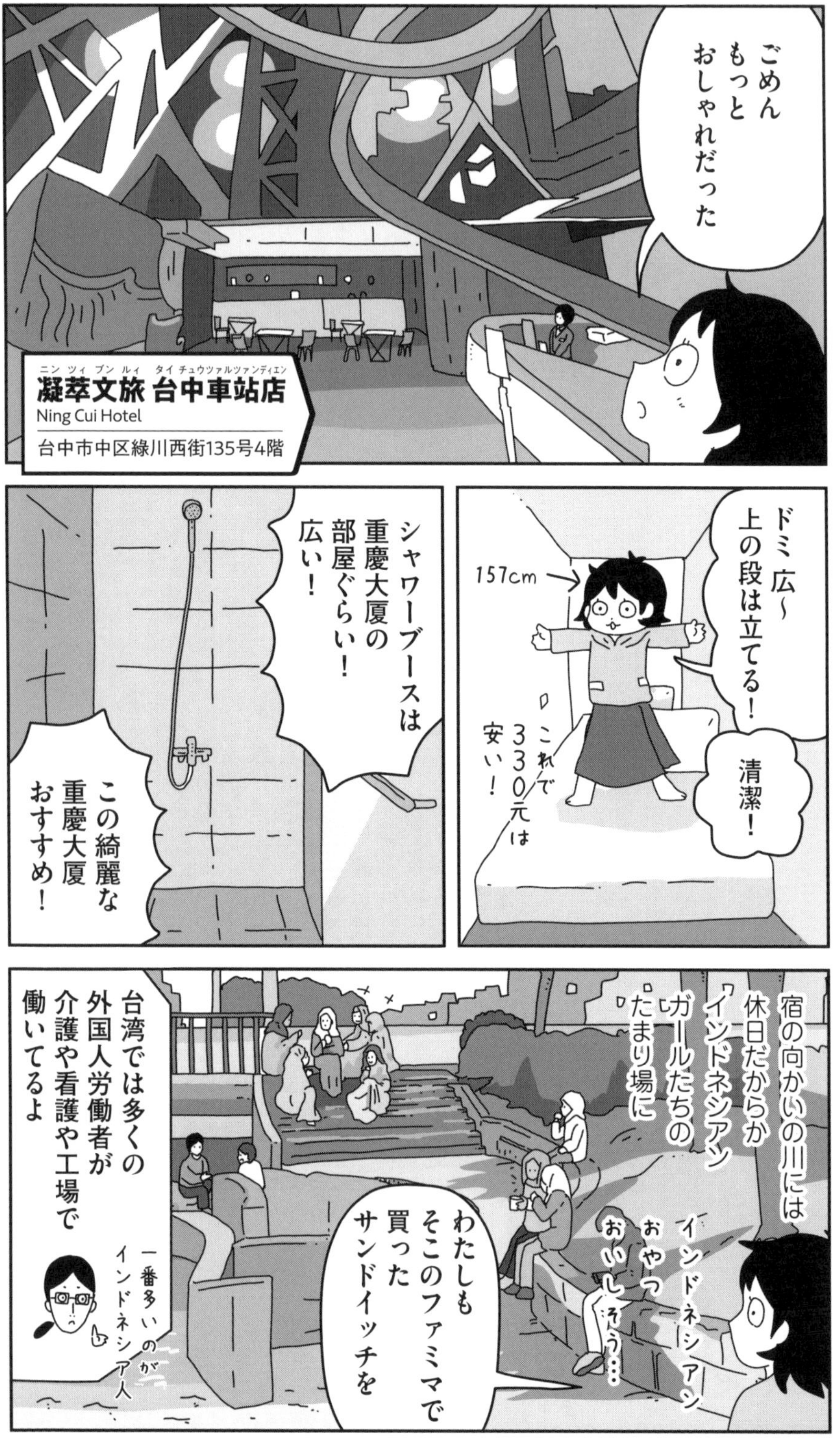
ごめん
もっと
おしゃれだった
凝萃文旅《ニンツィブンルィ》 台中車站店《タイチュウツァルツァンディエン》
Ning Cui Hotel
台中市中区緑川西街135号4階
ドミ広～
上の段は立てる！
清潔！
157cm
これで330元は安い！
シャワーブースは
重慶大厦の
部屋ぐらい
広い！
この綺麗な
重慶大厦
おすすめ！
宿の向かいの川には
休日だからか
インドネシアン
ガールたちの
たまり場に
インドネシアン
おやつ
おいしそう…
わたしも
そこのファミマで
買った
サンドイッチを
台湾では多くの
外国人労働者が
介護や看護や工場で
働いてるよ
一番多いのが
インドネシア人

単に ハムチーズ卵 サンドと思ったら…
バターが 甘い！
台中の有名店
洪《ホン》瑞《レイ》珍《ゼン》のサンドイッチ
甘さメーターで いうと
この辺！ どっちかっていうと スイーツ寄り！
しょっぱい
甘い
予想外 でも 癖になる
甘じょっぱさを 操る魔術師 それが台湾
忠孝夜市
夜見來蛋包飯
羊肉
麵線糊
甘蔗牛
台中っ子は パパイヤミルクと ジャムバタートーストを セットで食べるんだよ！
必ず！
I'm オーナー
台中出身 水倉のオーナー
え！ 甘×甘じゃん！
って話を 聞きまして
お！

蜂蜜一
紅蘿蔔汁
木瓜牛乳 55
綜合果汁・牛乳 55
芭楽汁檸檬汁 55
鳳梨檸檬汁 55
トースター2つ体制で焼きまくってる！
烤吐司
花生
巧克力
奶酥
チーン☆
清《チン》心《シン》水《シュイ》果《グオ》牛《ニィウ》乳《ルゥ》大《ダー》王《ワン》
台中市南区忠孝路232号
じううう
クリーミーでおいしい～
とりあえずパパイヤミルクだけにしといた
なぜなら――
第二市場
臺中市第二市場
すでにシャッターが閉まってる…やってるのかなぁ
李海魯肉飯
明かりが！
並んでる！

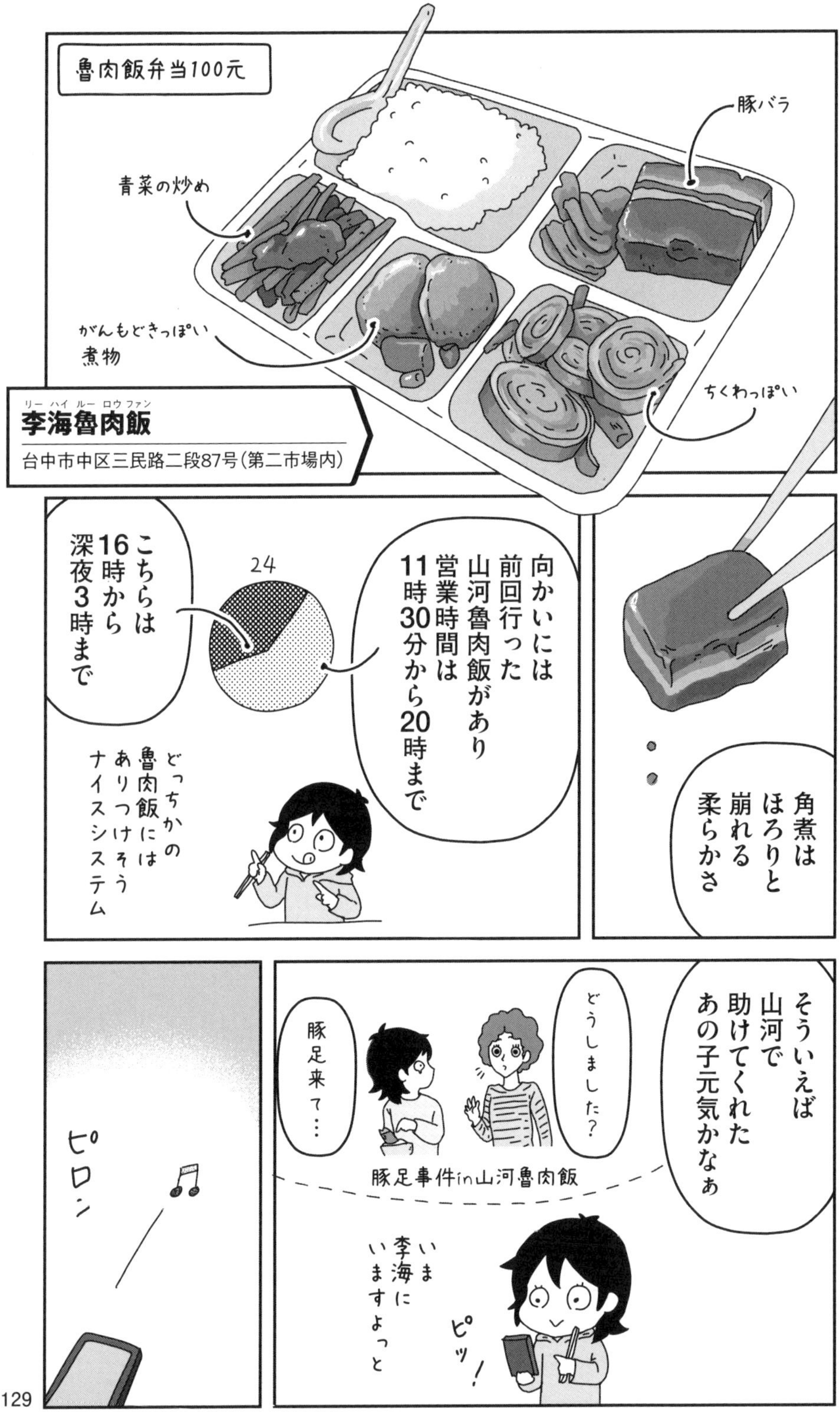
魯肉飯弁当100元
豚バラ
青菜の炒め
がんもどきっぽい煮物
ちくわっぽい
李《リー》海《ハイ》魯《ルー》肉《ロウ》飯《ファン》
台中市中区三民路二段87号(第二市場内)
角煮はほろりと崩れる柔らかさ
向かいには前回行った山河魯肉飯があり営業時間は11時30分から20時まで
24
こちらは16時から深夜3時まで
どっちかの魯肉飯にはありつけそうナイスシステム
そういえば山河で助けてくれたあの子元気かなぁ
どうしました?
豚足来て…
豚足事件in山河魯肉飯
いま李海にいますよっと
ピッ!
ピロン

ええええっっ いつまでいます!?
急でごめん…! 明日までカナ…
じゃ 今夜22時!
遅くても大丈夫なら
久しぶり～
遅くにごめん
大丈夫! 台湾人は夜更かしだから!
なるほど だから 李海の営業時間 27時まで
ホテル すごーく キレイじゃん
昔このビルって 廃墟みたいに ボロボロ だったんだよ
でも すごーく安い カラオケ屋があって 高校時代 よくオールしに 来てたんだけど…
けど…?

ボタンを押してない階に止まったり…
キャー！
エレベーターが開いたら…
まっくら…とかね
アイヨー
やはりそこはかとなく漂うチョンキン感
そのころこの辺は荒れて治安が良くないエリアだったし
danger
川も汚かったけどキレイにしよう！ってなって…
今や憩いの場に…
台中に歴史あり——今だから台中住みたいって思ったのかな
今はすご〜く家賃が上がってその面では大変なんだけどね

そうだ
パパイヤミルク
飲みに行く？
そうそう
そうそう！
詳しいなー
さっき飲んで…
それで台中人は
ジャムバタートースト
一緒に食べるんでしょ
受け売り
台湾のご飯は
少ないのに
なんで飲み物は
でっかいの？
700 cc
いやいやいや
いやいや！
台湾のご飯多いよ！
台湾人コスパが
いいのが
好きだから
大きいのよ！
小さいと
文句出る
日本から台湾に
帰ってきたときに
食べきれない…！
って思ったもん
でっか！
でも
魯肉飯とか
少盛りじゃない？
ああいうのは
多いと飽きる
じゃん
小盛り大盛り味次第――？
山河の
魯肉飯って
角煮だった
じゃない？
今日食べた
李海のも
それまで
細かいのが
魯肉飯って
思ってたんだけど…
こーゆーの
あ～それはね～

北部と中部では細かい肉が魯肉飯
これを南部では肉燥飯《ロウザオファン》と呼ぶ
逆に南部では角煮が魯肉飯
こっちは北部・中部では焢肉飯《コンロウファン》と呼ぶ
あれ？
そのルールだと我々が食べた魯肉飯は焢肉飯のはずじゃない？
台中は中部だよね…
そこは私もよく分かんない
お店ルールかもね
おいしいことには変わりなし

所変われば呼び名も変わる…
アレも台湾でもいろいろ呼び名があってね…
紅豆餅
日本で今川焼きとか車輪焼きとか大判焼きとか回転焼きとか言われるアレ
車輪餅
公阿貴
女乃油餅
ウィーン…
今日来てくれてありがとう!
このエレベーターさぁ…
押してない階に止まらないといいね…
シュイーーン…
ヒィィィィィ
やめてーーー!!
台中が楽しすぎてやりたいことリスト忘れてた
延泊しょ!
自由度が高いのはひとり旅行のいいところ♪

台中の夜

あれ以来だね～
LINE来てびっくりしたわ
いや…実は
前にGmailにメール送っててね…
えっ！メールチェックしてない…
やはり…
あのときのこと漫画にしたから送ったの
個人で作った
漫画描く人だったの？
そんな話してなかったよね
私漫画に出るの初めて！スクショちょうだい！
わーい
それでね…
今回それが紙の本になることになってね…
そう…今のこのやりとりも…
えっ
えっえっ

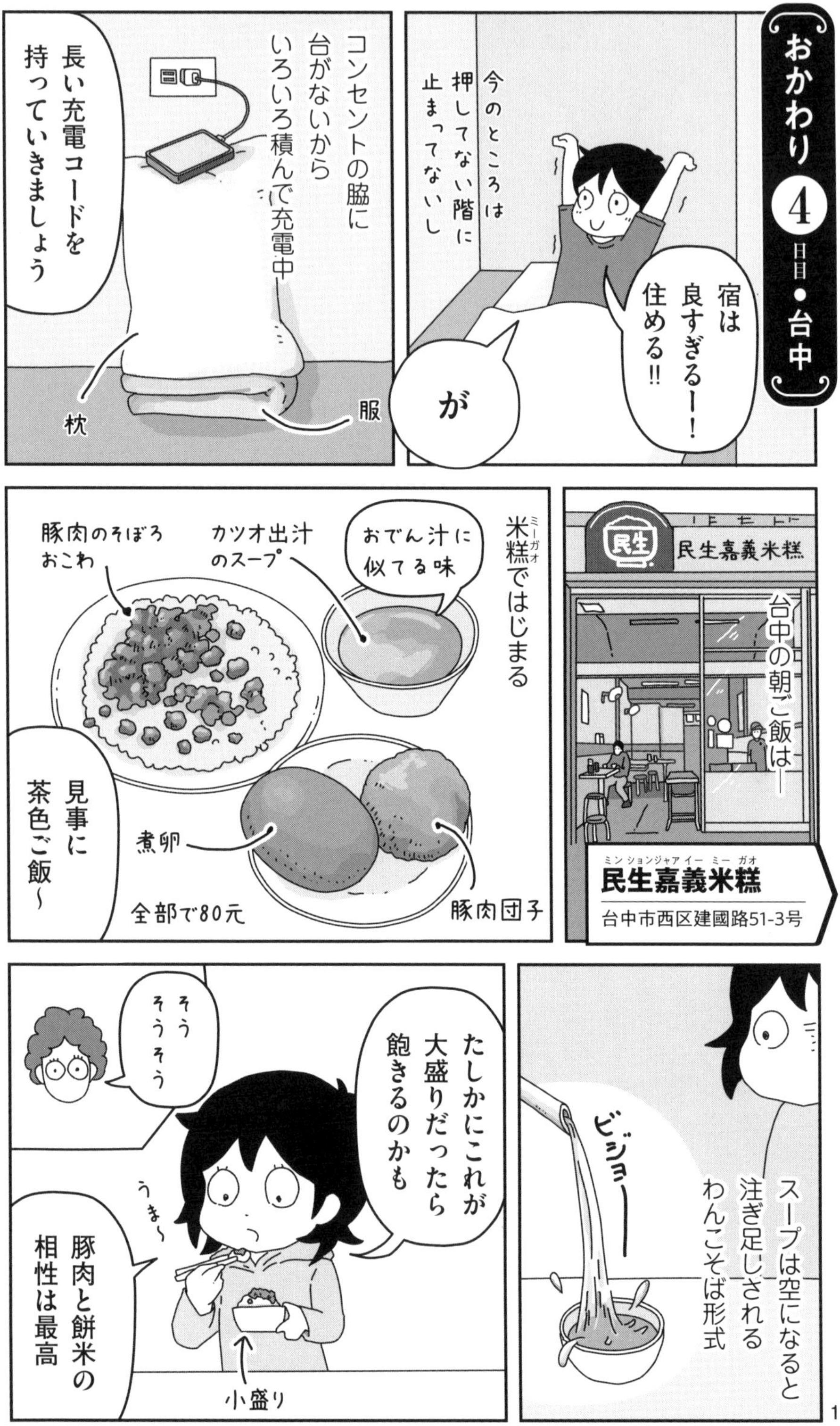
おかわり4日目・台中
宿は良すぎるー！住める!!
今のところは押してない階に止まってないし
が
コンセントの脇に台がないからいろいろ積んで充電中
長い充電コードを持っていきましょう
服
枕
台中の朝ご飯はー
民生嘉義米糕
民《ミン》生《ション》嘉《ジャア》義《イー》米《ミー》糕《ガオ》
台中市西区建國路51-3号
米糕《ミーガオ》ではじまる
おでん汁に似てる味
カツオ出汁のスープ
豚肉のそぼろおこわ
見事に茶色ご飯～
煮卵
豚肉団子
全部で80元
スープは空になると注ぎ足しされるわんこそば形式
ビジョー
たしかにこれが大盛りだったら飽きるのかも
そうそうそう
うま～
豚肉と餅米の相性は最高
小盛り

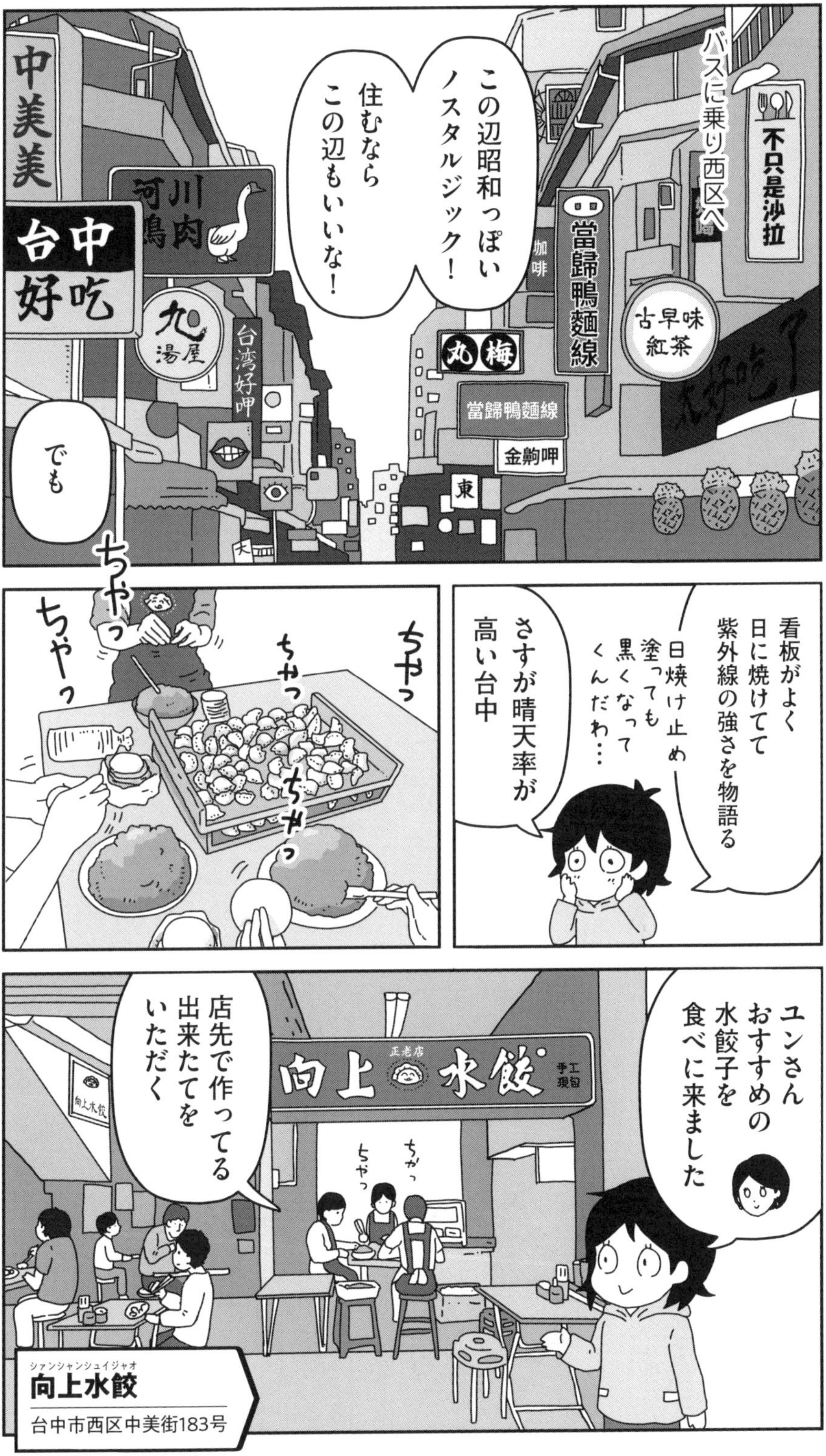
バスに乗り西区へ
この辺昭和っぽいノスタルジック！
住むならこの辺もいいな！
でも
看板がよく日に焼けてて紫外線の強さを物語る
日焼け止め塗っても黒くなってくんだわ…
さすが晴天率が高い台中
ちゃっ
ちゃっ
ちゃっ
ちゃっ
ちゃっ
ちゃっ
ユンさんおすすめの水餃子を食べに来ました
店先で作ってる出来たてをいただく
向上水餃
ちゃっ
ちゃっ

向上水餃《シァンシャンシュイジャオ》

台中市西区中美街183号

小さいから
15個は
食べられるよ〜
ゴマ油
ニンニク汁
醤油
ラー油
大根スープ
酸っぱい
醤油みたいな
55元
まるで餃子が
川の流れのように
体内に入っていく
つるつるつるん
しっかり味が
ついてるから
つけダレ不要
だが
ちょっと
味変したい
味的好奇心よ
西区住んだら
ここ通お
じゃっ
あ！
豆乳の
台湾カステラだって！
心田手作
豆漿蛋糕
心《シン》田《ティェン》手《ショウ》作《ズオ》
台中市西区華美街220合
ほかあ
チーズ味
ごろごろと
のっている
チーズ
チーズクリーム

チーズのしょっぱさとカステラの甘さのハーモニー
好きな量を量り売りなのでひとり旅にはありがたい
そして喉が渇いたら
おすすめのチェーン店よ!
粉粿桂花檸檬ください
一沐日
A NICE HOLIDAY
一《イー》沐《ムゥ》日《ルィ》 台《タイ》中《チュウ》美《メイ》村店《ツュウディエン》
台中市西区美村路一段163号
桂花茶の香りとレモンの酸味にサツマイモ粉ゼリーが合う!
そう 前回粉粿がサツマイモ粉ゼリーということを学んだのだ
八曜一沐日
飲み物を超えたデザートの食べ応え!
どぅるるるん
八曜一沐日
台湾ドリンクでっかいから持ち歩きがな〜
あ!あれいいな!
布製ドリンクホルダー
700cc
でも日本だと使わないしねぇ…
watsons 屈臣氏
お!

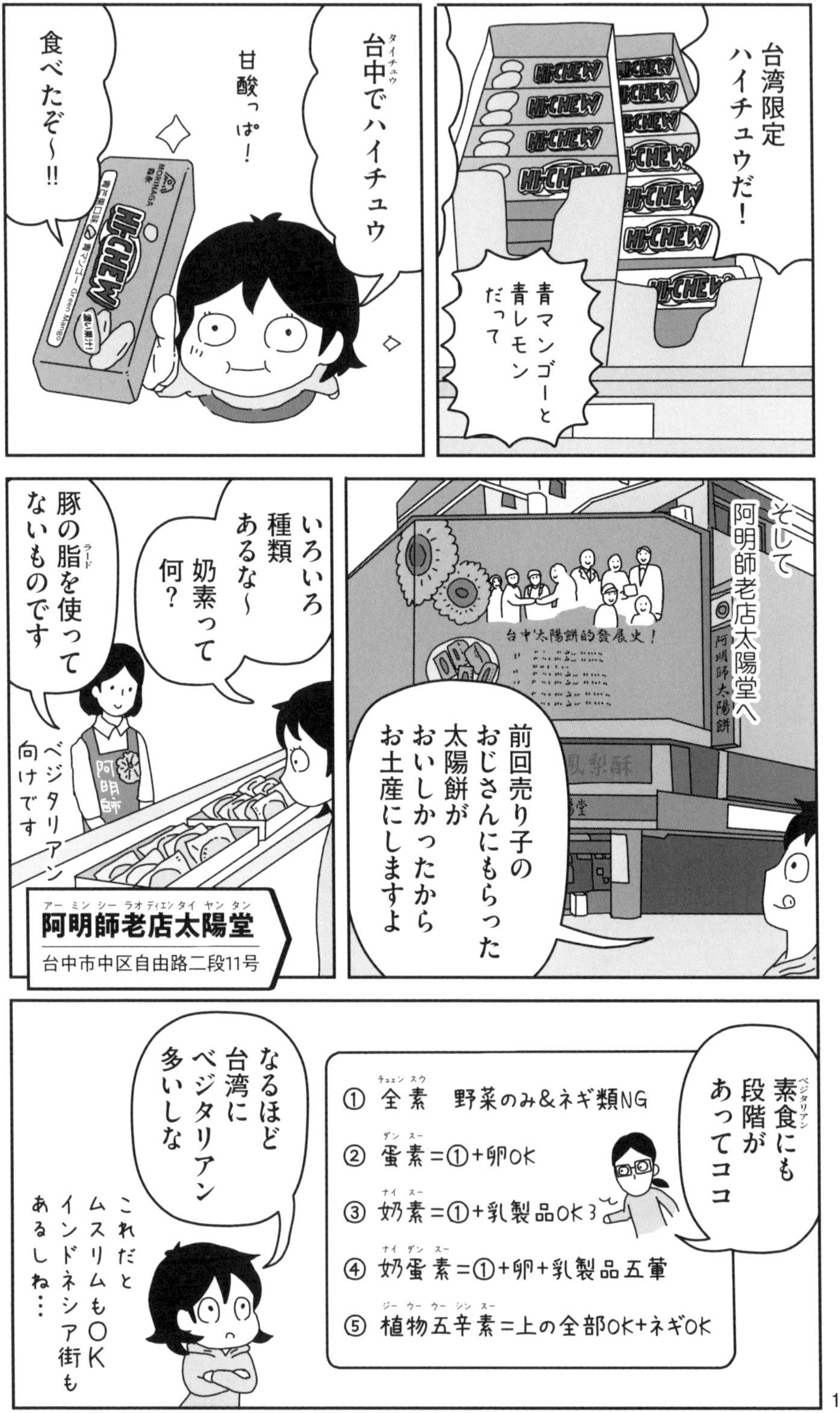
台湾限定ハイチュウだ！
青マンゴーと青レモンだって
台中《タイチュウ》でハイチュウ
甘酸っぱ！
食べたぞ〜!!
そして阿明師老店太陽堂へ
台中太陽餅的發展史！
阿明師太陽餅
前回売り子のおじさんにもらった太陽餅がおいしかったからお土産にしますよ
いろいろ種類あるな〜
奶素って何？
豚の脂《ラード》を使ってないものです
ベジタリアン向けです
阿明師
阿《アー》明《ミン》師《シー》老《ラオ》店《ディエン》太《タイ》陽《ヤン》堂《タン》
台中市中区自由路二段11号
素食《ベジタリアン》にも段階があってココ
① 全《チュエン》素《スウ》　野菜のみ&ネギ類NG
② 蛋《ダン》素《スー》=①+卵OK
③ 奶《ナイ》素《スー》=①+乳製品OK
④ 奶《ナイ》蛋《ダン》素《スー》=①+卵+乳製品五葷
⑤ 植《ジー》物《ウー》五《ウー》辛《シン》素《スー》=上の全部OK+ネギOK
なるほど台湾にベジタリアン多いしな
これだとムスリムも〇Kインドネシア街もあるしね…

あ！
あのときの
おじさんだ！
うちの看板
メニュー
あげる！
たったったっ
せっせ
太陽餅
おいしかったから
買いに来たよ！
漫画に
描いたよ！
あのときのこと
おお！
どれ
欲しいのか？
オリジナルの
一番小さい
箱をひとつ
だけ
迷ったときは
オリジナル
ハチミツのは
食べたことあるか
え
パイナップル
ケーキはいるか
こんなに
買えない…！
ぞっ
ぞっ
あげる！
私
この店の
ボスだから!!
ええっ

だいじょうぶ！
ドダン
マンガ大好きだから！
払いま
ずしっ‥
鶴が恩返しに来たら逆に大きなつづらをもらって飛んでくみたいな…
オチのない日本昔話かイソップ童話的な——
ヨロ…
なんていうんだっけこういうの
太陽餅しべ長者——!?
荷物半分太陽餅になって台北へ！
台中やったことリスト
いつか住むために物件情報を見る
友人おすすめの水餃子を食べる
お土産に太陽餅を買う
買ってはいない

旅は妄想からはじまる

台中の眺めのいい
キッチン付き
アパートメントに
日本の冬の時期に滞在する

Airbnbで見つけました

市場で獲れたての魚や
見たことのない野菜を
使って料理

その日に食べるものしか買わない

行きつけのカフェで
日がな一日
ぼんやりして
観光しない日も

なんて贅沢♥

という妄想

おかわり5日目・台北
寒っ！
ぶるっ…
本日は台北駅から徒歩5分ほどの宿
璞邸
城市膠囊
旅店
BOUTI
CITY CAPAULE
INN
1泊709元
璞《ブー》邸《ディー》城《チェン》市《シー》 膠《ジャオ》囊《ナン》旅《ルィ》店《ディエン》
Bouti City Capsule Inn
台北市中正区重慶南路一段7号
1階はおしゃれカフェで――
宿のゲスト専用のフリースペースにはキッチンも
みんな大好き電鍋も！
ドミは清潔でおしゃれ
スル
スル
シャワーブースが個室でいい！
今後台北の宿はここにしようかな

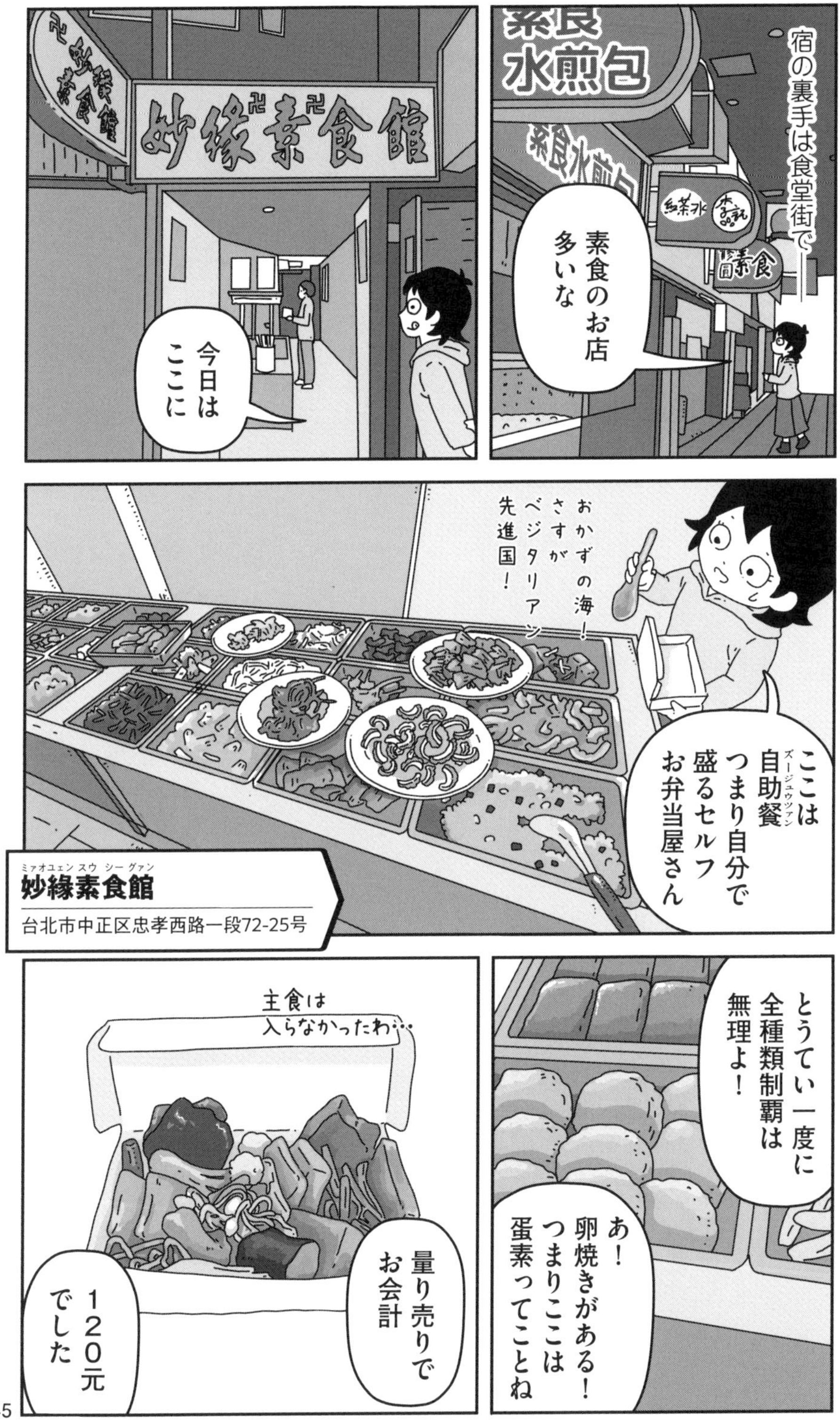
素食
水煎包
宿の裏手は食堂街で——
素食のお店多いな
妙縁素食館
今日はここに
ここは自助餐《ズージュウツァン》つまり自分で盛るセルフお弁当屋さん
おかずの海！さすがベジタリアン先進国！
妙縁素食館《ミァオユェン スウ シー グァン》
台北市中正区忠孝西路一段72-25号
とうてい一度に全種類制覇は無理よ！
あ！卵焼きがある！つまりここは蛋素ってことね
主食は入らなかったわ…
量り売りでお会計
120元でした

旅って野菜が不足しがちだけど台湾では素食店に入れば即解決
自助餐ならひとりでもいろんな種類が食べられるし
パチン
福州世祖胡椒餅
pepper cakes
こしょうもち
次はこちら
福州《フゥジョウ》世《シ》祖《ズー》胡椒餅《フゥジャオビン》
台北市中正区重慶南路一段13号
パリッとした皮にパンチがあるほど胡椒の効いた塊肉がゴロゴロと入った胡椒餅
さっきはベジタリアンで矛盾を感じないではないが…
肉汁たっぷり最高
お!
愛玉だ!
愛玉冰
圓環《ユェンホァン》阿《アー》勝《ション》愛《アイ》玉《ユィ》冰《ビン》
台北市南京西路262巷
愛玉とはこの植物から作られるゼリー
台湾にしか生えてない木の実

さっぱり爽やか!
と このように
おやつで水分をとっているからあまり水が減らず
コンビニで買ったすごい名前の水
征服世界の好水
だが
愛玉といい豆花といい仙草ゼリーといい杏仁豆腐といい…台湾は罪悪感のないデザートで溢れていてつい食べすぎて――
おそろしい国!!
迪化街
迪化街商圏
カワイー
パイナップル形のキャンドルだ!

お休み前のリラックスタイムにいいかも
は～極楽極楽極楽浄土～
使い終わったらガラスの瓶は花瓶にできるな♥
え？あ？それって…
それ！
え
仏壇とか廟用のお供えのろうそくだよ！
ーえー
コトン…
まぁ重いものは買えないしね！
漁師バッグ買お！軽いし
高建
高建桶店
百年老店
漁師バッグとは
メッシュ素材のプチプラバッグ。漁で使う網に似てることから漁師バッグと呼ばれる。
高《ガオ》建《ジェン》桶《トン》店《ディエン》
台北市迪化街一段204号

レトロ
かわいい
何入れようかな…
金獅牌
特大
109元
林華泰茶行
林《リン》華《ホア》泰《タイ》茶《チャア》行《ハン》
台北市重慶北路二段193号
ここは台北で一番古いお茶問屋——
東方美人が5種類も！産地が近いだけある！
茶筒でかー
高雄のお茶屋さんは阿里山が5種類で東方美人が1種類だったな…
一方
ここは阿里山は1種類のみ
やはり目当ての茶の産地に近いところで買うのが有利
それでも東方美人の一番高いのは600gで4000元！
高級！
白毫
東方美人
烏龍茶
4000
しかし

阿里山茶は
山の厳しい
寒暖差
ゆえに
おいしくなり
さむいよう
あついよう
東方美人は虫に
食われるストレスで
ポリフェノールを
出していい香りに
やめてー
人もお茶も
苦労をすると
うま味が出るのでは
お茶も
つらいよ
お茶たちの
苦労を考えると
高くはないのかも
買っちゃった…
私のお茶ゲル係数
高すぎぃ
ヒョー…
サイフも
つらいよ
宿代の
3日分くらい…
スーパーで
エコな
お土産買お
Carrefour 家樂福
9折
家樂福《カルフール》 重慶店《チョンキンディエン》
台北市重慶北路二段171号
お〜
いろんな
台湾産
バナナが！
芭蕉
69
履歴芭蕉
95
金蕉伯
金蕉伯履歴香蕉
食べ比べたい！
けどフルーツは
持って帰れない〜

ほんだしの台湾限定ホタテ味だ!
これでチャーハン作ったらおいしいのでは!
烹大師
ほんだし
66元
カジュアル東方美人茶も存在
Oriental Beauty Tea
天仁茗茶
東方美人茶
100元
スナックコーナーもチェック
牡蠣お好み焼きチップスだって! 絶対おいしいやつ
蚵仔煎
36元
一方 こちらは想像がつかない…
可楽果
捲捲酥
Uber Eats
酸菜魚
#秘鐔酸菜魚
30元
でも大丈夫
そう Google画像翻訳があればね
日本語
中国語（繁体）
えーと
「秘鐔酸菜魚」は～
Googleるるる
え!!

日本語 → 中国語（繁体）
酸菜魚
みーたん漬け
みーたん…
だれ…？
スーパーもまた台湾の食文化なのである
故宮博物院行けなかったけど…
台湾最後のご飯は——
日本から台湾に旅行中の友人と待ち合わせし
ひさしぶり〜
挺台灣
TEAM TAIWAN
小籠包で終わる
前回ぶりの四海豆漿大王よ！
え…!!

台湾の選挙の追っかけに来てるの？
なんで!?
4年に一度の台湾総統選挙はね…
※日本人
オリンピックより盛り上がるのよ！
今回で7回目の参加よ
挺台灣
TEAM TAIWAN
台湾各地の集会に参加しながら地方を巡るの
ステージで歌手が歌い踊り
えっ7回目…って24年前から!?
團結一致
グッズもたくさん買ったし
政党Tシャツ
セールで2枚
350元
タオル
エコバッグ
セールで50元
etc...
会場で候補者グッズももらえるのよ！
帽子
マスク
旗
候補者の写真付きパン
ハチマキ
すべてが日本と違いすぎる…
何を旅の目的にするかって人それぞれなんだなぁ…
ところで…

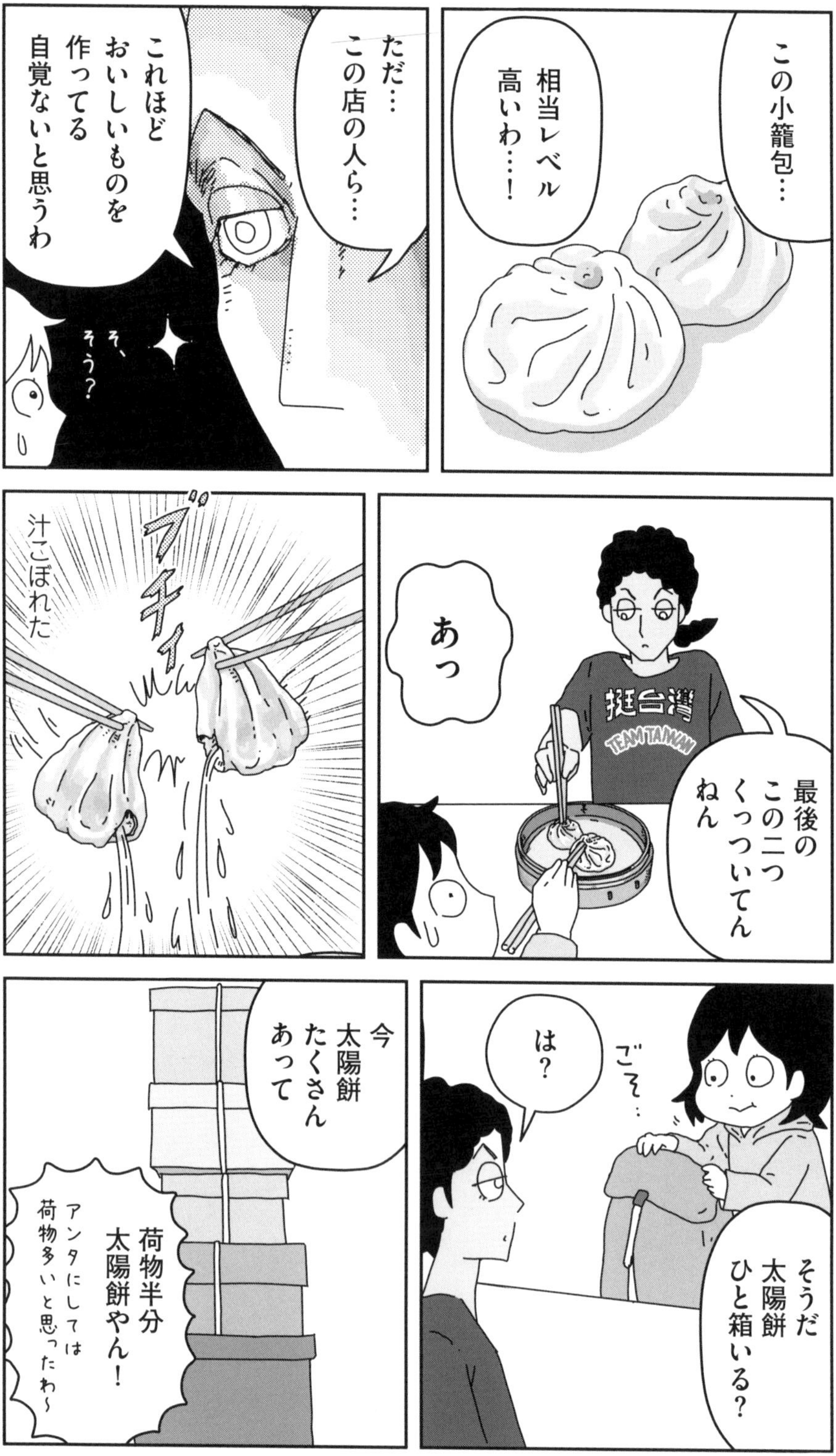
この小籠包…
相当レベル高いわ…！
ただ…この店の人ら…
これほどおいしいものを作ってる自覚ないと思うわ
そ、そう？
あっ
挺台灣
TEAM TAIWAN
最後のこの二つくっついてんねん
ブチィ
汁こぼれた
は？
ごそ…
そうだ太陽餅ひと箱いる？
今太陽餅たくさんあって
荷物半分太陽餅やん！
アンタにしては荷物多いと思ったわ〜

ふむ
これはうまい
太陽餅や
これからタイに
行くねん
友だちに会うから
手土産に
もらってくわ
コップンカー
あ！
この箱のリボン
ちょうだい
サンダル壊れて
ビニールの箸袋で
補修しててん
は⁉
きゅっ…
丈夫なヒモ
手に入って
よかったわ～
選挙グッズにはあんな
お金かけてるのに…
そうして太陽餅は
タイへ運ばれて行き――
withヒモ
好吃火鍋
很好吃餐廳
鶏肉飯
火鍋
好吃麵線
麵
人から人へ
遠くまで運ばれる
太陽餅ロード――
排骨酥
咖啡
ヒモ
もつのかな……
さて
私も
そろそろ

おかげで荷物が6kg以内に収まった
でも空港のカウンターで全部服着るけどね
朝寒かったのに今は暑い
だからダウンと半袖の人が混在してるんだな
ハンバーガーに漢字の組み合わせが新鮮〜
漢林
素卍食
あ！卍マーク！つまり素食店！
ベジタリアンの人たち台湾旅行しやすいだろうな
バイク乗りの猫！
牛肉麺の看板かっこいいな
牛肉麺
満足しても——

高麗菜包
筍子包
雪裡紅包
南瓜米粉包
青江菜包
素食まんだって
今回も
パンプキンまんください
空港で食べよ
時間がたてばきっとまた来たくなる
たぶんまた来る
林華泰茶行
東方美人茶
THNG FANG MEI JEA TEA
東方美人がなくなる前に
台北やったことリスト
林華泰茶行で東方美人茶を買う
国立故宮博物院で角煮を見る
漁師バッグを買う

やったことリスト

高雄

☒ 龍虎塔に登ってお願いごとをする
☑ 塩埕区に泊まり細い路地を探索する
☑ 塩埕王家手工豆花で豆花を食べる

台南

☑ 窄門咖啡館でお茶をする
☑ 水倉依舊民宿に泊まる
☑ 赤嵌棺材板で棺桶パンを食べる

15個中
12個できた♪

台中

☒ いつか住むために物件情報を見てこよう
☑ 友人おすすめの水餃子を食べる
☑ お土産に太陽餅を買う

台北

☑ 林華泰茶行で東方美人茶を買う
☒ 国立故宮博物院で角煮を見る
☑ 漁師バッグを買う

風通し
いいのよ
金獅牌
特大
信用可靠
保證耐用
今、野菜入れに
なってる

どこかで

☑ 愛王を食べる
☑ ほんだしの台湾限定ホタテだしを買う
☑ 台湾限定ハイチュウを食べる

烹大師
ほんだし
干貝風味
ホタテ感、
あり！
ず…
スープ
作ってみた

あとがき

私は旅のことを描くときはいつも、旅を共有したい気持ちで描いています。
旅のおいしいもの、おもしろいもの、不思議なものを一緒に味わってほしい。
今、旅に行けない人は行った気分になってほしいし、
行ける人は実際に行ってみてほしい。

食べ物の良さは味だけじゃなくて見た目もあるから、食べ物の絵を見ると
100分の1は食べたことになるんじゃないかなと思っているし、
1000分の1は旅したことになるんじゃないかなとも思っている。

つまり、この本を読んでいただいた方は、一緒に旅してくれたも同然！

今回たくさんの人たちとこの本を作りました。

いろいろ示唆をくれた台湾人フレンドのカイ君、リンさん、ユンさん。
ツノッチデザインの角田さん、DTPのセンターメディアさん。
校正の小出さん、呉佩慈さん、扶桑社の木村さん。
プロフェッショナルのみなさまの力でいいものできました！
そして、旅先で出会った人々や旅仲間のみんな。
ありがとう！　また一緒にどっか行こ！

まえだなをこ

福
旅費こんな
おかわり台湾5日間
95,078円
ちょっといい宿に
泊まったし
あといいお茶買った！
おいしい台湾9日間
123,929円
宿代抑えたから
長さの割に安め！

初出
本書はKindleで2023年7月に発表された作品に加筆・修正し、描きおろしを加えたものです。
※本書に掲載している情報は、可能な限り最新のものに修正しております。
※食べ物の値段や宿泊代は旅した当時の価格です。
※漢字のルビは可能な限り現地の発音に近づけております。

●装丁／角田正明（ツノッチデザイン）
●DTP／センターメディア
●校正／小出美由規　呉佩慈
●編集／木村早紀（扶桑社）

ひとり旅
おいしい台湾

発行日　2024年4月23日　初版第1刷発行

著　者　まえだなをこ
発行者　小池英彦
発行所　株式会社 扶桑社
〒105-8070　東京都港区海岸1-2-20　汐留ビルディング
電話　03-5843-8842（編集）
03-5843-8143（メールセンター）
www.fusosha.co.jp

印刷・製本　中央精版印刷株式会社

Printed in Japan
ISBN 978-4-594-09735-6